PRIVATE
WA(

(VOLUME 1)
Second Edition

**TOPS TYPES JAA-KXX
& PAA-PXX**

Andrew Marshall

Metro

ISBN 0-947773-22-3

© Copyright 1992 Metro Enterprises Limited. All rights reserved. No part of this publication may be reproduced in any form or transmitted in any form by any means electronic, mechanical, photocopying, recording or otherwise without the prior permission of the publisher.

Published by Metro Enterprises Limited, 312 Leeds Road, Birstall, Batley, West Yorkshire, WF17 0HS.

Typeset by **StreetWise** Publications, 18 North Terrace, Birstall, Batley, West Yorkshire, WF17 9EU

SECTION 1 - NOTES & INTRODUCTION

This book is volume one in a series of three which list all Privately Owned wagons registered to run on British Rail (BR). The volumes are divided as follows:

1 - Non Tank Wagons (excluding ferry vehicles).
2 - Tank Wagons (excluding ferry vehicles).
3 - International Ferry Wagons.

NUMBERING SYSTEM

All Privately Owned vehicles registered to run on BR have numbers allocated under the BR Total Operations Processing System (TOPS), which was introduced in 1972. Before the introduction of TOPS there was no standard numbering system of Private Owner wagons, with over twenty companies having a wagon numbered 1 , 01 or 001. After the introduction of TOPS all the Privately Owned wagons were numbered into the series 1000 to 99999. Each owning company was given a one to four letter prefix code which is carried before the number. Details of company prefix letters can be found listed inside the front cover.

Until recently the number range 30000 to 89999 was reserved for tanker wagons. However, due to shortages of number sequences in the non tank series, several batches of recently built wagons have been numbered into the erstwhile tanker series.

Many of the wagons allocated TOPS numbers were withdrawn before they were applied and hundreds more have been withdrawn since. As once used numbers are not currently reissued, all new vehicles have to be slotted into the gaps which still remain available. No doubt in the future some numbers will eventually be reissued as the supply of unissued numbers becomes exhausted.

BRAKES

Most modern Privately Owned wagons are air braked and have been built to replace older BR owned vacuum braked or unfitted wagons. Many of the new wagons were built with through vacuum brake pipes to allow operation in vacuum braked trains. However, with the introduction of more air braked services and the Speedlink network of services, most of these through vacuum pipes have now been removed. The type of brake equipment currently fitted to each wagon is given in the heading to each group of wagons by reference to the third letter of the TOPS code given on the far left of the heading. A list of relevant TOPS brake type codes appears on the inside back cover.

DESIGN CODES

This is a six character code used by BR to describe precisely each type of vehicle. The first two characters are letters to describe the use of the of the wagon and are also the first two letters of the three letter TOPS code carried on the wagon. A list of relevant codes to this book is given on the inside back cover. Readers will note many differences in these codes since the first edition. This is because many privately owned wagons were recoded in January 1990 into groups J and K, altering either the first or first two letters of the previous code. Previous codes are not shown in this edition. The following three characters indicate a reference number of the specific design to which the wagon has been built. These start at 001 as the first issued code and work upwards. The final character is a letter indicating detail differences between wagons built to an otherwise common design. These letters start at A as the first issued code and work upwards. These final four characters were left largely unaltered by the 1990 recoding scheme, but where changes have taken place these are noted.

WEIGHTS

All are given in metric tonnes. The maximum axle load permitted on BR is 25.5 tonnes, so the maximum gross weight for a two axle wagon is 51 tonnes and for a four axle bogie wagon 102 tonnes.

Tare Weight - this is the weight of an empty wagon given to the nearest 10 kg.

Gross Laden Weight (GLW) - This is the maximum permitted weight of a wagon and its cargo, to keep it within the axle load limit or within the limit of its suspension.

The carrying capacity of any wagon is the Gross Laden Weight minus the Tare weight.

MAXIMUM SPEED

Is given in Miles Per Hour (mph), this regulates the type of train into which a vehicle can be formed. No train is permitted to run any faster than the maximum speed restriction of the slowest wagon in the train. Due to the characteristics of the type of suspension fitted, some wagons are allowed to run at faster speeds when loaded, whilst others are permitted to run faster when empty.

Class 4 trains are permitted to run at up to 75 mph.
Class 6 trains are permitted to run at up to 60 mph.
Class 7 trains are permitted to run at up to 45 mph.
Class 8 trains are permitted to run at up to 35 mph.
Class 9 trains are permitted to run at up to 25 mph if running with loco brakes only, or at up to 35 mph if the train is partially brake equipped.

LENGTH

Is given in Millimetres (mm) and also Feet and Inches, the dimensions given being the overall length over buffers/couplings.

BOGIE AND SUSPENSION TYPES

The type of of running gear fitted to each type of wagon is given in the heading for each group of wagon.

ACKNOWLEDGEMENTS

As information on privately owned vehicles is not available from BR sources, the author would like to thank the many wagon owners, builders, hirers and enthusiasts who have provided information to assist in the compilation of this volume.

In particular my thanks to the following companies for providing much of the information used in this book:.

A R C Southern Ltd.
British Nuclear Fuels Ltd., Sellafield.
Bombadier Prorail Ltd, Wakefield.
Caib UK Ltd, Woking.
Foster Yeoman Ltd., Merehead.
Greater Manchester Waste Management Department.
Great Western Society, Didcot.
Orenstein & Koppel Ltd., Northampton.
Powell Duffryn Standard, Heywood.
Tarmac Holdings PLC.

Any further information and constructive comment is welcomed and should be sent to the author at the publishers address shown on the title page. Please note that we are unable to reply to any requests for information regarding specific vehicles at this point in time.

COVER PHOTOGRAPHS

Front: JHA Bogie Hopper Inner OK 19320 (Des. Code JH014B) at Merehead 17.09.89   (H.P. Searle)

Rear: A Self-Discharge train at work   (Redland Aggregates)

SECTION 2 - WAGON DETAILS

3000-3007   BOGIE BOX   JXA

Design Code: JX030C or JX030B.
Builder: Procor, Wakefield, 1974-75.
Tare Weight: 33.00 t.   **Gross Laden Weight:** 102.00 t.
Maximum Speed: 60 mph.   **Length:** 16764 mm. (55 ft.)
Bogie Type: Gloucester Clasp Mk. II.
Current Hirer: Sheerness Steel.
Usual Workings: Between Sheerness and various scrapyards.

PR 3000 c	PR 3002 b	PR 3004 b	PR 3006 b	PR 3007 b
PR 3001 b	PR 3003 b	PR 3005 b		

3008-3062   BOGIE COIL HOOD   JSA

Design Code: JS044A, JS044B or JS048A*.
Builder: Powell Duffryn, Cardiff, 1986-88.
Tare Weight: 27.95(* 27.50) t.   **Gross Laden Weight:** 101.95(b 102) t.
Maximum Speed: 60 mph.   **Length:** 16200 mm (53 ft. 2 in.)
Bogie Type: Gloucester GPS.
Notes: * 3043 is a coil or slab steel convertable wagon.
Current Hirers: British Steel South Wales; R & S Steels.
Usual Workings: (BSC) Various workings to and from Port Talbot; (R & S) Between Boston Docks and various locations in the West Midlands.

PDUF 3008 a	PDUF 3019 b	PDUF 3030 b	PDUF 3041 b	PDUF 3052 b
PDUF 3009 a	PDUF 3020 b	PDUF 3031 b	PDUF 3042 b	PDUF 3053 b
PDUF 3010 a	PDUF 3021 b	PDUF 3032 b	PDUF 3043 *	PDUF 3054 b
PDUF 3011 a	PDUF 3022 b	PDUF 3033 b	PDUF 3044 b	PDUF 3055 b
PDUF 3012 a	PDUF 3023 b	PDUF 3034 b	PDUF 3045 b	PDUF 3056 b
PDUF 3013 a	PDUF 3024 b	PDUF 3035 b	PDUF 3046 b	PDUF 3057 b
PDUF 3014 a	PDUF 3025 b	PDUF 3036 b	PDUF 3047 b	PDUF 3058 b
PDUF 3015 a	PDUF 3026 b	PDUF 3037 b	PDUF 3048 b	PDUF 3059 b
PDUF 3016 a	PDUF 3027 b	PDUF 3038 b	PDUF 3049 b	PDUF 3060 b
PDUF 3017 a	PDUF 3028 b	PDUF 3039 b	PDUF 3050 b	PDUF 3061 b
PDUF 3018 b	PDUF 3029 b	PDUF 3040 b	PDUF 3051 b	PDUF 3062 b

3100-3139   BOGIE BOX   JXA

Design Code: JX029A or JX029B.
Builder: Procor, Wakefield, 1982-83.
Tare Weight: 29.00 t.   **Gross Laden Weight:** 102.00 t.
Maximum Speed: 60 mph.   **Length:** 19085 mm. (62 ft. 7 in.)
Bogie Type: Schleirien.
Current Hirer: Sheerness Steel.
Usual Workings: Between Sheerness and various scrapyards.

PR 3100 a	PR 3108 a	PR 3116 a	PR 3124 a	PR 3132 b
PR 3101 a	PR 3109 a	PR 3117 a	PR 3125 a	PR 3133 b
PR 3102 a	PR 3110 a	PR 3118 a	PR 3126 a	PR 3134 b
PR 3103 a	PR 3111 a	PR 3119 a	PR 3127 a	PR 3135 b
PR 3104 a	PR 3112 a	PR 3120 a	PR 3128 a	PR 3136 b
PR 3105 a	PR 3113 a	PR 3121 a	PR 3129 a	PR 3137 b
PR 3106 a	PR 3114 a	PR 3122 a	PR 3130 b	PR 3138 b
PR 3107 a	PR 3115 a	PR 3123 a	PR 3131 b	PR 3139 b

JXA PR 3100 (Des. Code JX029A) at Hoo Junction 11.11.84 (R. Wallace)

JNA TRL 3266 (Des. Code JN029J) at Hoo Junction 26.02.89 (R. Wallace)

3140-3149　　　　BOGIE BOX　　　　　　　　JXA

Design Code: JX029C.
Builder: Procor, Wakefield, 1983.
Tare Weight: 25.00 t.
Maximum Speed: 60 mph.　　　　**Gross Laden Weight:** 102.00 t.
Bogie Type: Gloucester Lightweight Mk. 4.　　**Length:** 16192 mm. (53 ft. 1 in.)
Current Hirer: Sheerness Steel.
Usual Workings: Between Sheerness and various scrapyards.

PR 3140	PR 3142	PR 3144	PR 3146	PR 3148
PR 3141	PR 3143	PR 3145	PR 3147	PR 3149

3150-3159　　　　BOGIE BOX　　　　　　　　JXA

Design Code: JX029D.
Builder: Procor, Wakefield, 1986.
Tare Weight: 25.00 t.
Maximum Speed: 60 mph.　　　　**Gross Laden Weight:** 102.00 t.
Bogie Type: Gloucester Cast Steel.　　**Length:** 16192 mm (53 ft. 1 in.)
Current Hirer: Sheerness Steel.
Usual Workings: Between Sheerness and various scrapyards.

PR 3150	PR 3152	PR 3154	PR 3156	PR 3158
PR 3151	PR 3153	PR 3155	PR 3157	PR 3159

3160-3169　　　　BOGIE BOX　　　　　　　　JNA

Design Code: JN029E (Inners) or JN029F (Outers).
Builder: Procor, Wakefield, 1987.
Tare Weight: 25.70 t.
Maximum Speed: 60 mph.　　　　**Gross Laden Weight:** 102.00 t.
Bogie Type: Gloucester 3 piece Cast Steel.　　**Length:** 16192 mm. (53 ft. 1 in.)
Current Hirer: Foster Yeoman.
Usual Workings: Between Merehead and Banbury, Crawley, Harlow Mill, Luton, Purfleet, Purley, Salisbury or Woking.

PR 3160 f	PR 3162 f	PR 3164 e	PR 3166 e	PR 3168 e
PR 3161 f	PR 3163 f	PR 3165 e	PR 3167 e	PR 3169 e

3170-3247　　　　BOGIE BOX　　　　　　　　KEA

Design Code: KE029H or KE029L (Outers), KE029G or KE029K (Inners).
Builder: Procor, Wakefield, 1987-88.
Tare Weight: 27.00 t.
Maximum Speed: 60 mph.　　　　**Gross Laden Weight:** 102.00 t.
Bogie Type: Gloucester 3 piece Cast Steel.　　**Length:** 16192 mm. (53 ft. 1 in.)
Current Hirer: Three wagons are currently on trial with Sheerness Steel. The remainder are stored.

PR 3170 h	PR 3182 g	PR 3194 g	PR 3206 h	PR 3218 g
PR 3171 h	PR 3183 g	PR 3195 g	PR 3207 h	PR 3219 g
PR 3172 h	PR 3184 g	PR 3196 h	PR 3208 l	PR 3220 g
PR 3173 h	PR 3185 g	PR 3197 h	PR 3209 l	PR 3221 g
PR 3174 h	PR 3186 g	PR 3198 h	PR 3210 l	PR 3222 g
PR 3175 h	PR 3187 g	PR 3199 h	PR 3211 l	PR 3223 g
PR 3176 h	PR 3188 g	PR 3200 h	PR 3212 g	PR 3224 g
PR 3177 h	PR 3189 g	PR 3201 h	PR 3213 g	PR 3225 g
PR 3178 g	PR 3190 g	PR 3202 h	PR 3214 g	PR 3226 g
PR 3179 g	PR 3191 g	PR 3203 h	PR 3215 g	PR 3227 g
PR 3180 g	PR 3192 g	PR 3204 h	PR 3216 g	PR 3228 g
PR 3181 g	PR 3193 g	PR 3205 h	PR 3217 g	PR 3229 g

PR 3230 g
PR 3231 g
PR 3232 g
PR 3233 g

PR 3234 g
PR 3235 g
PR 3236 g
PR 3237 g

PR 3238 g
PR 3239 g
PR 3240 g
PR 3241 g

PR 3242 k
PR 3243 k
PR 3244 k

PR 3245 k
PR 3246 k
PR 3247 k

3248-3259　　　　　　　BOGIE BOX　　　　　　　JNA

Design Code: JN050A, JN050B, JN050C & JN050D.
Builder: C.C. Crump, Connah's Quay, 1988.
Tare Weight: 26.50 t.　　　　　　　　**Gross Laden Weight:** 102.00 t.
Maximum Speed: 60 mph.　　　　　　**Length:** 16194 mm (53 ft. 2 in).
Bogie Type: Davies and Lloyds Cast Steel.
Notes: Built using former TEA underframes (former numbers in brackets).
Current Hirer: A number are on hire to BR for carrying ballast. The remainder are stored.

TRL 3248 b	(SUKO 83212)	TRL 3254 b	(SUKO 83229)
TRL 3249 b	(SUKO 83230)	TRL 3255 c	(SUKO 83246)
TRL 3250 b	(SUKO 83227)	TRL 3256 c	(SUKO 83234)
TRL 3251 a	(SUKO 83201)	TRL 3257 c	(SUKO 83236)
TRL 3252 a	(SUKO 83202)	TRL 3258 b	(SUKO 83223)
TRL 3253 b	(SUKO 83216)	TRL 3259 d	(SUKO 83746)

3260-3267　　　　　　　BOGIE BOX　　　　　　　JNA

Design Code: JN029J.
Builder: Procor, Wakefield, 1988.
Tare Weight: 24.25 t.　　　　　　　　**Gross Laden Weight:** 101.95 t.
Maximum Speed: 60 mph.　　　　　　**Length:** 16192 mm. (53 ft. 1 in.)
Bogie Type: Secondary Coil.
Current Hirer: A number are on hire to BR for carrying ballast. The remainder are stored.

TRL 3260	TRL 3262	TRL 3264	TRL 3266	TRL 3267
TRL 3261	TRL 3263	TRL 3265		

3268-3328　　　　　　　BOGIE BOX　　　　　　　JYA

Design Code: JY012A or JY012E (Inners), JY012B (Outers).
Builder: Orenstein & Koppel, Dortmund, West Germany, 1988.
Tare Weight: 23.50 t.　　　　　　　　**Gross Laden Weight:** 102.00 t.
Maximum Speed: 60 mph.　　　　　　**Length:** 12930 mm. (42 ft. 1 in.)
Bogie Type: O&K Type 25-100
Current Hirer: Foster Yeoman.
Usual Workings: Between Merehead and Banbury, Crawley, Harlow Mill, Luton, Purfleet, Purley, Salisbury or Woking.

OK 3268 a	OK 3281 b	OK 3293 b	OK 3305 b	OK 3317 b
~~OK 3269 a~~	OK 3282 a	~~OK 3294 b~~	~~OK 3306 b~~	OK 3318 b
~~OK 3270 a~~	OK 3283 a	~~OK 3295 b~~	~~OK 3307 a~~	~~OK 3319 b~~
OK 3271 e	~~OK 3284 b~~	~~OK 3296 b~~	OK 3308 b	OK 3320 b
OK 3272 e	OK 3285 b	OK 3297 b	~~OK 3309 b~~	OK 3321 b
OK 3273 a	~~OK 3286 b~~	OK 3298 b	~~OK 3310 b~~	~~OK 3322 b~~
OK 3274 b	OK 3287 b	OK 3299 b	OK 3311 b	OK 3323 b
~~OK 3275 b~~	~~OK 3288 b~~	OK 3300 b	~~OK 3312 a~~	OK 3324 b
~~OK 3276 a~~	OK 3289 b	~~OK 3301 b~~	OK 3313 b	~~OK 3325 b~~
~~OK 3277 b~~	OK 3290 b	~~OK 3302 b~~	~~OK 3314 b~~	OK 3326 b
~~OK 3278 b~~	OK 3291 b	~~OK 3303 b~~	OK 3315 b	OK 3327 b
~~OK 3279 a~~	OK 3292 b	~~OK 3304 b~~	OK 3316 b	~~OK 3328 b~~
OK 3280 b				

4500-4559 OPEN POA

Design Code: PO016P, PO016Q, PO016R, PO016S, PO016T, PO016U or PO016V.
Builder: Powell Duffryn, Cardiff, 1988-89.
Tare Weight: 12.00 t. **Gross Laden Weight:** 46.00 t.
Maximum Speed: 60 mph. **Length:** 8864 mm. (29 ft. 1 in.)
Suspension: Parabolic Springs.
Notes: Built using former TTA underframes (former numbers in brackets).
Current Hirer: Allied Steel Wales.
Usual Workings: To and from ASW Cardiff.

PDUF 4500 p	(SUKO 61212)	PDUF 4530 v	(SUKO 61717)
PDUF 4501 p	(SUKO 61226)	PDUF 4531 v	(SUKO 61719)
PDUF 4502 q	(SUKO 61312)	PDUF 4532 v	(SUKO 61720)
PDUF 4503 q	(SUKO 61313)	PDUF 4533 v	(SUKO 61723)
PDUF 4504 q	(SUKO 61325)	PDUF 4534 v	(SUKO 61724)
PDUF 4505 q	(SUKO 61336)	PDUF 4535 v	(SUKO 61725)
PDUF 4506 q	(SUKO 61337)	PDUF 4536 v	(SUKO 61728)
PDUF 4507 q	(SUKO 61347)	PDUF 4537 v	(SUKO 61729)
PDUF 4508 q	(SUKO 61348)	PDUF 4538 v	(SUKO 61733)
PDUF 4509 r	(SUKO 61506)	PDUF 4539 v	(SUKO 61735)
PDUF 4510 s	(SUKO 61516)	PDUF 4540 v	(SUKO 61742)
PDUF 4511 s	(SUKO 61530)	PDUF 4541 v	(SUKO 61743)
PDUF 4512 s	(SUKO 61533)	PDUF 4542 v	(SUKO 61756)
PDUF 4513 s	(SUKO 61536)	PDUF 4543 v	(SUKO 61757)
PDUF 4514 s	(SUKO 61537)	PDUF 4544 v	(SUKO 61758)
PDUF 4515 s	(SUKO 61557)	PDUF 4545 v	(SUKO 61806)
PDUF 4516 s	(SUKO 61558)	PDUF 4546 v	(SUKO 61807)
PDUF 4517 s	(SUKO 61611)	PDUF 4547 v	(SUKO 61810)
PDUF 4518 s	(SUKO 61614)	PDUF 4548 v	(SUKO 61813)
PDUF 4519 s	(SUKO 61621)	PDUF 4549 v	(SUKO 61815)
PDUF 4520 t	(SUKO 61648)	PDUF 4550 v	(SUKO 61825)
PDUF 4521 t	(SUKO 61650)	PDUF 4551 v	(SUKO 61826)
PDUF 4522 t	(SUKO 61655)	PDUF 4552 v	(SUKO 61835)
PDUF 4523 t	(SUKO 61701)	PDUF 4553 v	(SUKO 61839)
PDUF 4524 v	(SUKO 61706)	PDUF 4554 v	(SUKO 61841)
PDUF 4525 t	(SUKO 61709)	PDUF 4555 v	(SUKO 61845)
PDUF 4526 u	(SUKO 61657)	PDUF 4556 v	(SUKO 61853)
PDUF 4527 v	(SUKO 61713)	PDUF 4557 v	(SUKO 61857)
PDUF 4528 v	(SUKO 61714)	PDUF 4558 v	(SUKO 61904)
PDUF 4529 v	(SUKO 61715)	PDUF 4559 v	(SUKO 61905)

4560-4579 OPEN POA

Design Code: PO018A.
Builder: Standard Wagon, Heywood, 1989.
Tare Weight: 14.00 t. **Gross Laden Weight:** 51.00 t.
Maximum Speed: 60 mph. **Length:** 9750 mm. (32 ft.)
Suspension: BSC Friction Pedestal.
Notes: Built utilising former PEA underframes (former numbers in brackets).
Current Hirer: Allied Steel Wales.
Usual Workings: To and from ASW Cardiff.

RLS 4560	(RLS 12204)	RLS 4570	(RLS 12213)
RLS 4561	(RLS 12205)	RLS 4571	(RLS 12212)
RLS 4562	(RLS 12200)	RLS 4572	(RLS 12211)
RLS 4563	(RLS 12242)	RLS 4573	(RLS 12202)
RLS 4564	(RLS 12214)	RLS 4574	(RLS 12207)
RLS 4565	(RLS 12203)	RLS 4575	(RLS 12251)
RLS 4566	(RLS 12215)	RLS 4576	(RLS 12206)
RLS 4567	(RLS 12210)	RLS 4577	(RLS 12201)
RLS 4568	(RLS 12209)	RLS 4578	(RLS 12222)
RLS 4569	(RLS 12208)	RLS 4579	(RLS 12216)

POA RLS 4607 (Des. Code PO010E) at Heywood 06.89 (A. Marshall)

POA TRL 5151 (Des. Code PO015A) at Cardiff Tidal Sidings 25.04.87 (R. Wallace)

4580-4584   OPEN   POA

Design Code: PO021A or PO021B.
Builder: Powell Duffryn, Cardiff, 1989
Tare Weight: 13.85 t; b 14.95 t.   **Gross Laden Weight:** 45.95 t.
Maximum Speed: 60 mph.   **Length:** 8254 mm (27 ft. 1 in.)
Suspension: Parabolic Springs.
Notes: Built using former PCB underframes (former numbers in brackets).
Current Hirer: Allied Steel Wales.
Usual Workings: To and from ASW Cardiff.

PDUF 4580 b	(APCM 9020)	PDUF 4583 a	(APCM 9023)
PDUF 4581 a	(APCM 9021)	PDUF 4584 a	(APCM 9024)
PDUF 4582 a	(APCM 9022)		

4585-4590   OPEN   POA

Design Code: PO022B.
Builder: Standard Wagon, Heywood, 1989.
Tare Weight: 15.20 t.   **Gross Laden Weight:** 46.00 t.
Maximum Speed: 60 mph.   **Length:** 9012 mm. (29 ft 6 in.)
Suspension: Parabolic Springs.
Notes: Built using former PMA underframes (former numbers in brackets).
Current Hirer: Allied Steel Wales.
Usual Workings: To and from ASW Cardiff.

RLS 4585	(RLS 6297)	~~RLS 4588~~	~~(RLS 6300)~~
~~RLS 4586~~	~~(RLS 6298)~~	~~RLS 4589~~	~~(RLS 6301)~~
RLS 4587	(RLS 6299)	RLS 4590	(RLS 6302)

4591-4595   OPEN   POA

Design Code: PO022C.
Builder: Standard Wagon, Heywood, 1989.
Tare Weight: 15.20 t.   **Gross Laden Weight:** 46.00 t.
Maximum Speed: 60 mph.   **Length:** 9012 mm. (29 ft. 6 in.)
Suspension: Parabolic Springs.
Notes: Built using former PRA underframes (former numbers in brackets).
Current Hirer: Allied Steel Wales.
Usual Workings: To and from ASW Cardiff.

RLS 4591	(RLS 6303)	RLS 4594	(RLS 6309)
RLS 4592	(RLS 6306)	RLS 4595	(RLS 6312)
RLS 4593	(RLS 6307)		

4596-4606   OPEN   POA

Design Code: PO022A or PO022D.
Builder: Standard Wagon, Heywood, 1989.
Tare Weight: 15.53 t.   **Gross Laden Weight:** 45.93 t.
Maximum Speed: 60 mph.   **Length:** 9012 mm. (29 ft. 6 in.)
Suspension: Double Link.
Notes: Built using former PMA underframes (former numbers in brackets).
Current Hirer: Allied Steel Wales.
Usual Workings: To and from ASW Cardiff.

~~RLS 4596 a~~	~~(RLS 6317)~~	RLS 4602 a	~~(RLS 6323)~~
RLS 4597 a	(RLS 6318)	~~RLS 4603 a~~	~~(RLS 6324)~~
~~RLS 4598 a~~	~~(RLS 6319)~~	~~RLS 4604 a~~	~~(RLS 6325)~~
RLS 4599 a	(RLS 6320)	RLS 4605 a	(RLS 6326)
~~RLS 4600 a~~	~~(RLS 6321)~~	~~RLS 4606 d~~	~~(RLS 6327)~~
RLS 4601 a	(RLS 6322)		

4607 OPEN POA
Design Code: PO010E.
Builder: Standard Wagon, Heywood, 1989.
Tare Weight: 15.40 t.
Maximum Speed: 45 mph.
Suspension: Gloucester Pedestal.
Gross Laden Weight: 51.00 t.
Length: 9000 mm. (29 ft. 6 in.)
Notes: Built using former PSA underframe (former number in brackets). Currently stored at Heywood.

RLS 4607   (RLS 5400)

4608 OPEN POA
Design Code: PO022D.
Builder: Standard Wagon, Heywood, 1989.
Tare Weight: 15.70 t.
Maximum Speed: 60 mph.
Suspension: Double Link.
Gross Laden Weight: 46.00 t.
Length: 9012 mm. (29 ft. 6 in.)
Notes: Built using underframe originally intended to become PMA RLS 6328.
Current Hirer: Allied Steel Wales.
Usual Workings: To and from ASW Cardiff.

RLS 4608   (RLS 6328, RLS 4300, APCM 6262)

4800 LOG CARRIER PNA
Design Code: PN021A.
Builder: Bombadier Prorail, Horbury, 1990.
Tare Weight: 11.00 t.
Maximum Speed: 60 mph.
Suspension: BSC Friction Pedestal.
Gross Laden Weight: 40.00 t.
Length: 11582 mm. (38 ft.)
Notes: Built using former PVB underframe (former number in brackets). Currently stored at Horbury.

CAIB 4800   (BRT 6900)

4900-4917 BARRIER KBA
Design Code: KB016A or KB016B.
Builder: Standard Wagon, Heywood, 1980.
Tare Weight: 14.00 t.
Maximum Speed: 60 mph.
Suspension: FAT 24 Taperlite.
Gross Laden Weight: 14.00 t.
Length: 11252 mm. (36 ft. 11 in.)
Notes: Built using parts recovered from APCM Palvans.
Current Hirers: Trans Manche Link (4900-05/14-17); ICI (others).
Usual Workings: (TML) Channel Tunnel Construction Work; (ICI) Between Haverton Hill and Grangemouth.

RLS 4900 a	RLS 4904 a	RLS 4908 b	RLS 4912 b	RLS 4915 b
RLS 4901 a	RLS 4905 a	RLS 4909 b	RLS 4913 b	RLS 4916 b
RLS 4902 a	RLS 4906 b	RLS 4910 b	RLS 4914 b	RLS 4917 b
RLS 4903 a	RLS 4907 b	RLS 4911 b		

5143-5151 OPEN POA
Design Code: PO015A.
Builder: C.C.Crump, Connah's Quay, 1985.
Tare Weight: 13.80 t.
Maximum Speed: 60 mph.
Suspension: UIC Double Link.
Gross Laden Weight: 46.00 t.
Length: 10668 mm. (35 ft.)
Notes: Built using former Ferry Tank Underframes (former numbers in brackets).
Current Hirers: Mineral Haul, ECC
Usual Workings: (MH) Between Thrislington and Scotland, (ECC) Between Drinnick Mill and Mossend.

TRL 5143	(70 7499 303-9)
TRL 5144	(70 7499 304-7)
TRL 5145	(70 7499 305-5)
TRL 5146	(70 7499 306-3)
TRL 5147	(70 7499 307-1)

TRL 5148	(70 7499 308-9)
TRL 5149	(70 7499 309-7)
TRL 5150	(70 7499 310-4)
TRL 5151	(70 7499 311-2)

5152-5181 OPEN POA

Design Code: PO016A.
Builder: C.C. Crump, Connah's Quay, 1987.
Tare Weight: 12.85 t. **Gross Laden Weight:** 46.05 t.
Maximum Speed: 60 mph. **Length:** 8860 mm. (29 ft. 1 in.)
Suspension: FAT28, Parabolic 1 Link.
Notes: Built using TTA underframes (former numbers in brackets).
Current Hirers: Foster Yeoman, British Steel, Mineral Haul, BR
Usual Workings: (FY) To and from Merehead and also between Isle of Grain and Shakespeare Cliff. (BSC) Between Shotton and Ravenscraig, (MH) Between Thrislington and Scotland, (BR) Between East Usk and Acton.

TRL 5152	(TRL 51714)		TRL 5168	(TRL 51662)
TRL 5154	(TRL 51699)		TRL 5169	(TRL 51674)
TRL 5155	(TRL 51703)		TRL 5170	(TRL 51650)
TRL 5156	(TRL 51676)		TRL 5171	(TRL 51693)
TRL 5157	(TRL 51712)		TRL 5172	(TRL 51682)
TRL 5158	(TRL 51713)		TRL 5173	(TRL 51716)
TRL 5159	(TRL 51723)		TRL 5174	(TRL 51697)
TRL 5160	(TRL 51654)		TRL 5175	(TRL 51657)
TRL 5161	(TRL 51710)		TRL 5176	(TRL 51717)
TRL 5162	(TRL 51706)		TRL 5177	(TRL 51691)
TRL 5163	(TRL 51720)		TRL 5178	(TRL 51677)
TRL 5164	(TRL 51694)		TRL 5179	(TRL 51695)
TRL 5165	(TRL 51669)		TRL 5180	(TRL 51721)
TRL 5166	(TRL 51722)		TRL 5181	(TRL 51686)
TRL 5167	(TRL 51670)			

5182-5193 OPEN POA

Design Code: PO017A.
Builder: C.C. Crump, Connah's Quay, 1987.
Tare Weight: 14.20 t. **Gross Laden Weight:** 46.00 t.
Maximum Speed: 60 mph. **Length:** 10663 mm. (35 ft.)
Suspension: FAT28, Parabolic 1 Link.
Notes: Built using former TTA underframes (former numbers in brackets).
Current Hirers: Foster Yeoman, ECC
Usual Workings: (FY) To and from Merehead, (ECC) Between Drinnick and Mossend.

TRL 5182	(TRL 51897)		TRL 5188	(TRL 51942)
TRL 5183	(TRL 51898)		TRL 5189	(TRL 51895)
TRL 5184	(TRL 51899)		TRL 5190	(TRL 51946)
TRL 5185	(TRL 51900)		TRL 5191	(TRL 51944)
TRL 5186	(TRL 51947)		TRL 5192	(TRL 51945)
TRL 5187	(TRL 51943)		TRL 5193	(TRL 51896)

5214-5233 OPEN POA

Design Code: PO018A.
Builder: Standard Wagon, Heywood, 1987.
Tare Weight: 15.50 t. **Gross Laden Weight:** 51.00 t.
Maximum Speed: 60 mph. **Length:** 9750 mm. (32 ft.)
Suspension: BSC Friction Pedestal.
Notes: Built using former PEA underframes (former numbers in brackets).
Current Hirer: Allied Steel Wales.
Usual Workings: To and from ASW Cardiff.

POA RLS 5226 (Des. Code PO018A) at Ashburys 03.88 (A. Marshall)

PNA GWS 5267 (Des. Code PN020A) at Didcot 14.01.89 (N. Baxter/GWS)

RLS 5214	(RLS 12236)	RLS 5224	(RLS 12218)
RLS 5215	(RLS 12229)	RLS 5225	(RLS 12225)
RLS 5216	(RLS 12256)	RLS 5226	(RLS 12259)
RLS 5217	(RLS 12241)	RLS 5227	(RLS 12232)
RLS 5218	(RLS 12224)	RLS 5228	(RLS 12233)
RLS 5219	(RLS 12230)	RLS 5229	(RLS 12217)
RLS 5220	(RLS 12253)	RLS 5230	(RLS 12234)
RLS 5221	(RLS 12237)	RLS 5231	(RLS 12220)
RLS 5222	(RLS 12246)	RLS 5232	(RLS 12240)
RLS 5223	(RLS 12243)	RLS 5233	(RLS 12221)

5234-5253   OPEN   POA

Design Code: PO018B.
Builder: Standard Wagon, Heywood, 1987.
Tare Weight: 12.50 t.   **Gross Laden Weight:** 51.00 t.
Maximum Speed: 60 mph.   **Length:** 9754 mm. (32 ft.)
Suspension: BSC Friction Pedestal.
Notes: Built using former PEA underframes (former numbers in brackets).
Current Hirer: Foster Yeoman.
Usual Workings: Currently stored

~~RLS 5234~~	~~(RLS 12228)~~	~~RLS 5244~~	~~(RLS 12226)~~
~~RLS 5235~~	~~(RLS 12235)~~	~~RLS 5245~~	~~(RLS 12248)~~
~~RLS 5236~~	~~(RLS 12231)~~	~~RLS 5246~~	~~(RLS 12219)~~
~~RLS 5237~~	~~(RLS 12244)~~	~~RLS 5247~~	~~(RLS 12247)~~
~~RLS 5238~~	~~(RLS 12238)~~	~~RLS 5248~~	~~(RLS 12258)~~
~~RLS 5239~~	~~(RLS 12239)~~	~~RLS 5249~~	~~(RLS 12223)~~
~~RLS 5240~~	~~(RLS 12249)~~	~~RLS 5250~~	~~(RLS 12250)~~
RLS 5241	(RLS 12254)	~~RLS 5251~~	~~(RLS 12255)~~
RLS 5242	(RLS 12252)	~~RLS 5252~~	~~(RLS 12257)~~
~~RLS 5243~~	~~(RLS 12245)~~	~~RLS 5253~~	~~(RLS 12227)~~

5254-5266   OPEN   POA

Design Code: PO016B, PO016C or PO016D.
Builder: C.C. Crump, Connah's Quay, 1987-88.
Tare Weight: 12.90 t.   **Gross Laden Weight:** 46.00 t.
Maximum Speed: 60 mph.   **Length:** 8860 mm. (29 ft. 1 in.)
Suspension: b FAT28, Parabolic 1 Link; cd FAT26, Parabolic 2 Link.
Notes: Built using TTA underframes (former numbers in brackets).
Current Hirer: British Steel.
Usual Workings: Between Shotton and Ravenscraig.

TRL 5254 c	(TRL 51702)	TRL 5261 c	(TRL 51443)
TRL 5255 b	(TRL 51658)	TRL 5262 c	(TRL 51444)
TRL 5256 b	(TRL 51683)	TRL 5263 c	(TRL 51445)
TRL 5257 b	(TRL 51681)	TRL 5264 c	(TRL 51447)
TRL 5258 c	(TRL 51437)	TRL 5265 c	(TRL 51449)
TRL 5259 c	(TRL 51439)	TRL 5266 d	(TRL 51438)
TRL 5260 c	(TRL 51442)		

5267-5268   OPEN   PNA

Design Code: PN020A.
Builder: BR, Lancing, 1957.
Tare Weight: 11.50 t.   **Gross Laden Weight:** 33.05 t.
Maximum Speed: 60 mph.   **Length:** 8229 mm. (27 ft.)
Suspension: UIC Double Link.
Notes: Transferred to private ownership 1989.
Usual Workings: Between Didcot and Padworth Sidings, conveying coal for steam locomotives.

GWS 5267	(B 715024)	GWS 5268	(B 715029)

5269-5293 OPEN PNA

Design Code: PN019A.
Builder: W.H. Davis, Langwith Junction, 1989.
Tare Weight: 14.00 t.
Maximum Speed: 60 mph.
Suspension: FAT 10, 1 Long Link.
Notes: Converted from former BR ZRA.
Usual Workings: To and from Heck.

Gross Laden Weight: 46.00 t.
Length: 11277 mm. (37 ft.)

PLAS 5269	(ADC 200450)	PLAS 5282	(ADC 200541)
PLAS 5270	(ADC 200451)	PLAS 5283	(ADC 200549)
PLAS 5271	(ADC 200455)	PLAS 5284	(ADC 200452)
PLAS 5272	(ADC 200458)	PLAS 5285	(ADC 200460)
PLAS 5273	(ADC 200479)	PLAS 5286	(ADC 200469)
PLAS 5274	(ADC 200482)	PLAS 5287	(ADC 200487)
PLAS 5275	(ADC 200485)	PLAS 5288	(ADC 200490)
PLAS 5276	(ADC 200491)	PLAS 5289	(ADC 200507)
PLAS 5277	(ADC 200502)	PLAS 5290	(ADC 200513)
PLAS 5278	(ADC 200510)	PLAS 5291	(ADC 200516)
PLAS 5279	(ADC 200518)	PLAS 5292	(ADC 200517)
PLAS 5280	(ADC 200521)	PLAS 5293	(ADC 200522)
PLAS 5281	(ADC 200526)		

5300-5311 BOGIE OPEN PALLET FLAT JOA

Design Code: JO001B.
Builder: Procor, Wakefield, 1977-78.
Tare Weight: 25.40 t.
Maximum Speed: 60 mph.
Bogie Type: Gloucester Fastfreight.
Current Hirer: BR (5301/2/7-10); Currently stored (others)
Usual Workings: To and from Shakespeare Cliff.

Gross Laden Weight: 70.00 t.
Length: 19376 mm. (63 ft. 7 in.)

PR 5300	PR 5303	PR 5306	PR 5308	PR 5310
PR 5301	PR 5304	PR 5307	PR 5309	PR 5311
PR 5302	PR 5305			

5312-5351 OPEN PNA

Design Code: PN016E or PN016F.
Builder: C.C. Crump, Connah's Quay, 1988.
Tare Weight: 12.50 t.
Maximum Speed: 60 mph.
Suspension: FAT28, Parabolic 1 Link.
Notes: Built using former TTA underframes (former numbers in brackets).
Current Hirers: British Coal (5312-40); Foster Yeoman (5341-51).
Usual Workings: (BC) Maryport to Padiham; (FY) Between Isle of Grain and Shakespeare Cliff and also on various workings to and from Merehead.

TRL 5312 f	(TRL 51739)	TRL 5324 e	(TRL 51750)
TRL 5313 f	(TRL 51743)	TRL 5325 e	(TRL 51762)
TRL 5314 f	(TRL 51747)	TRL 5326 e	(TRL 51760)
TRL 5315 f	(TRL 51740)	TRL 5327 e	(TRL 51763)
TRL 5316 f	(TRL 51746)	TRL 5328 e	(TRL 51757)
TRL 5317 f	(TRL 51744)	TRL 5329 e	(TRL 51758)
TRL 5318 f	(TRL 51735)	TRL 5330 e	(TRL 51752)
TRL 5319 f	(TRL 51731)	TRL 5331 e	(TRL 51751)
TRL 5320 f	(TRL 51732)	TRL 5332 e	(TRL 51759)
TRL 5321 f	(TRL 51725)	TRL 5333 f	(TRL 51734)
TRL 5322 f	(TRL 51729)	TRL 5334 f	(TRL 51733)
TRL 5323 f	(TRL 51724)	TRL 5335 f	(TRL 51730)

TRL 5336 f	(TRL 51727)		TRL 5344 e	(TRL 51748)
TRL 5337 f	(TRL 51737)		~~TRL 5345 e~~	~~(TRL 51726)~~
TRL 5338 f	(TRL 51742)		~~TRL 5346 e~~	~~(TRL 51755)~~
TRL 5339 f	(TRL 51741)		~~TRL 5347 e~~	~~(TRL 51756)~~
TRL 5340 f	(TRL 51745)		~~TRL 5348 e~~	~~(TRL 51753)~~
~~TRL 5341 e~~	~~(TRL 51754)~~		TRL 5349 e	(TRL 51749)
~~TRL 5342 e~~	~~(TRL 51761)~~		TRL 5350 e	(TRL 51738)
TRL 5343 e	(TRL 51736)		TRL 5351 e	(TRL 51728)

5352-5385   OPEN   PNA

Design Code: PN016J.
Builder: C.C. Crump, Connah's Quay, 1988.
Tare Weight: 12.50 t.   **Gross Laden Weight:** 46.00 t.
Maximum Speed: 60 mph.   **Length:** 8843 mm. (29 ft.)
Suspension: FAT28, Parabolic 1 Link.
Notes: Built using former TTA underframes (former numbers in brackets).
Current Hirers: Foster Yeoman, Cleveland Potash.
Usual Workings: (FY) Between Isle of Grain and Shakespeare Cliff and also on various workings to and from Merehead; (CP) Between Boulby and Middlesbrough.

~~TRL 5352~~	~~(SUKO 63748)~~		~~TRL 5369~~	~~(SUKO 63214)~~
TRL 5353	(SUKO 63718)		~~TRL 5370~~	~~(SUKO 63654)~~
~~TRL 5354~~	~~(SUKO 63620)~~		~~TRL 5371~~	~~(SUKO 63231)~~
~~TRL 5355~~	~~(SUKO 63709)~~		TRL 5372	(SUKO 63802)
~~TRL 5356~~	~~(SUKO 63605)~~		TRL 5373	(SUKO 63756)
~~TRL 5357~~	~~(SUKO 63606)~~		TRL 5374	(SUKO 63622)
TRL 5358	(SUKO 63616)		~~TRL 5375~~	~~(SUKO 63656)~~
~~TRL 5359~~	~~(SUKO 63658)~~		~~TRL 5376~~	~~(SUKO 63205)~~
~~TRL 5360~~	~~(SUKO 63806)~~		TRL 5377	(SUKO 63634)
~~TRL 5361~~	~~(SUKO 63626)~~		TRL 5378	(SUKO 63642)
~~TRL 5362~~	~~(SUKO 63726)~~		~~TRL 5379~~	~~(SUKO 63808)~~
~~TRL 5363~~	~~(SUKO 63727)~~		~~TRL 5380~~	~~(SUKO 63227)~~
TRL 5364	(SUKO 63217)		TRL 5381	(SUKO 63707)
~~TRL 5365~~	~~(SUKO 63745)~~		~~TRL 5382~~	~~(SUKO 63810)~~
TRL 5366	(SUKO 63601)		~~TRL 5383~~	~~(SUKO 63224)~~
~~TRL 5367~~	~~(SUKO 63213)~~		~~TRL 5384~~	~~(SUKO 63755)~~
~~TRL 5368~~	~~(SUKO 63716)~~		~~TRL 5385~~	~~(SUKO 63702)~~

5386-5396   OPEN   PNA

Design Code: PN016L.
Builder: C.C. Crump, Connah's Quay, 1988.
Tare Weight: 12.50 t.   **Gross Laden Weight:** 46.00 t.
Maximum Speed: 60 mph.   **Length:** 8843 mm. (29 ft.)
Suspension: FAT28, Parabolic 1 Link.
Notes: Built using former TTA underframes (former numbers not known).
Current Hirer: Foster Yeoman, BR.
Usual Workings: (FY) Between Isle of Grain and Shakespeare Cliff and also on various workings to and from Merehead; (BR) Between East Usk and Acton.

~~TRL 5386~~	~~TRL 5389~~	~~TRL 5391~~	~~TRL 5393~~	~~TRL 5395~~
~~TRL 5387~~	~~TRL 5390~~	~~TRL 5392~~	~~TRL 5394~~	TRL 5396
~~TRL 5388~~				

5402-5416   OPEN   PNA

Design Code: PN016J or PN016K.
Builder: C.C. Crump, Connah's Quay, 1988.
Tare Weight: 12.70 t.   **Gross Laden Weight:** 46.00 t.
Maximum Speed: 60 mph.   **Length:** 8860 mm. (29 ft. 1 in.)

PNA TRL 5323 (Des. Code PN016F) at Ashburys 11.88 (A. Marshall)

PNA PLAS 5425 (Des. Code PN019A) at Whitemoor Yard 10.07.88 (R. Wallace)

Suspension: FAT28, Parabolic 1 Link.
Notes: Built using former TTA underframes (former numbers in brackets).
Current Hirers: Foster Yeoman, Cleveland Potash.
Usual Workings: (FY) To and from Merehead; (CP) Between Boulby and Middlesbrough.

TRL 5402 k	(TRL 51816)	TRL 5410 k	(TRL 51821)
TRL 5403 k	(TRL 51817)	TRL 5411 k	(TRL 51818)
TRL 5404 k	(TRL 51819)	TRL 5412 j	(SUKO 63725)
TRL 5405 k	(TRL 51820)	TRL 5413 j	(SUKO 63245)
TRL 5406 k	(TRL 51814)	TRL 5414 j	(SUKO 63600)
TRL 5407 k	(TRL 51815)	TRL 5415 j	(SUKO 63235)
TRL 5408 k	(TRL 51822)	TRL 5416 j	(SUKO 63202)
TRL 5409 k	(TRL 51823)		

5417-5446   OPEN   PNA

Design Code: PN019A.
Builder: W.H. Davis, Langwith Junction, 1988.
Tare Weight: 14.00 t.
Maximum Speed: 60 mph.
Suspension: FAT 10, 1 Long Link.
Notes: Converted from former BR VCA & ZRA.
Usual Workings: To and from Heck.

Gross Laden Weight: 46.00 t.
Length: 11277 mm. (37 ft.)

PLAS 5417	(200533)	PLAS 5432	(ADC 200416)
PLAS 5418	(ADC 200367)	PLAS 5433	(ADC 200417)
PLAS 5419	(ADC 200371)	PLAS 5434	(ADC 200419)
PLAS 5420	(ADC 200375)	PLAS 5435	(ADC 200421)
PLAS 5421	(ADC 200377)	PLAS 5436	(ADC 200424)
PLAS 5422	(ADC 200381)	PLAS 5437	(ADC 200425)
PLAS 5423	(ADC 200386)	PLAS 5438	(ADC 200426)
PLAS 5424	(ADC 200390)	PLAS 5439	(ADC 200427)
PLAS 5425	(ADC 200392)	PLAS 5440	(ADC 200434)
PLAS 5426	(ADC 200393)	PLAS 5441	(ADC 200437)
PLAS 5427	(ADC 200395)	PLAS 5442	(ADC 200439)
PLAS 5428	(ADC 200396)	PLAS 5443	(ADC 200444)
PLAS 5429	(ADC 200409)	PLAS 5444	(ADC 200445)
PLAS 5430	(ADC 200411)	PLAS 5445	(ADC 200447)
PLAS 5431	(ADC 200413)	PLAS 5446	(ADC 200449)

5447-5456   OPEN   PNA

Design Code: PN016M.
Builder: C.C. Crump, Connah's Quay, 1988.
Tare Weight: 12.75 t.
Maximum Speed: 60 mph.
Suspension: FAT28, Parabolic 1 Link.
Notes: Built using former TTA underframes (former numbers in brackets).
Current Hirers: Foster Yeoman; Trans Manche Link.
Usual Workings: Between Isle of Grain and Shakespeare Cliff.

Gross Laden Weight: 45.95 t.
Length: 8860 mm. (29 ft. 1 in.)

TRL 5447	(SUKO 63710)	TRL 5452	(SUKO 63247)
TRL 5448	(SUKO 63734)	TRL 5453	(SUKO 63233)
TRL 5449	(SUKO 63655)	TRL 5454	(SUKO 63225)
TRL 5450	(SUKO 63632)	TRL 5455	(SUKO 63249)
TRL 5451	(SUKO 63653)	TRL 5456	(SUKO 63659)

5457-5489　　　　　　　　OPEN　　　　　　　　　　PNA
Design Code: PN016N.
Builder: C.C. Crump, Connah's Quay, 1988.
Tare Weight: 12.75 t.　　　　　　　　**Gross Laden Weight:** 45.95 t.
Maximum Speed: 60 mph.　　　　　　**Length:** 8860 mm. (29 ft. 1 in.)
Suspension: FAT28, Parabolic 1 Link.
Notes: Built using former TTA underframes (former numbers in brackets).
Current Hirers: Staveley Lime Products, BR
Usual Workings: (SLP) Between Peak Forest and Bletchley; (BR) Between East Usk and Acton.

TRL 5457	(TRL 51609)	TRL 5474	(TRL 51603)
TRL 5458	(TRL 51604)	TRL 5475	(TRL 51608)
TRL 5459	(TRL 51615)	TRL 5476	(TRL 51605)
TRL 5460	(TRL 51643)	TRL 5477	(TRL 51610)
TRL 5461	(TRL 51618)	TRL 5478	(TRL 51646)
TRL 5462	(TRL 51602)	TRL 5479	(TRL 51593)
TRL 5463	(TRL 51601)	TRL 5480	(TRL 51592)
TRL 5464	(TRL 51611)	TRL 5481	(TRL 51596)
TRL 5465	(TRL 51637)	TRL 5482	(TRL 51598)
TRL 5466	(TRL 51638)	TRL 5483	(TRL 51606)
TRL 5467	(TRL 51640)	TRL 5484	(TRL 51595)
TRL 5468	(TRL 51591)	TRL 5485	(TRL 51623)
TRL 5469	(TRL 51600)	TRL 5486	(TRL 51590)
TRL 5470	(TRL 51617)	TRL 5487	(TRL 51599)
TRL 5471	(TRL 51639)	~~TRL 5488~~	~~(TRL 51616)~~
TRL 5472	(TRL 51597)	TRL 5489	(TRL 51622)
TRL 5473	(TRL 51607)		

6304-6316　　　　　　　CLAY HOOD　　　　　　　PRA/POA
Design Code: PR001A, PR001B or PO023A*.
Builder: Standard Wagon, Heywood, 1983.
Tare Weight: 12.70 t.　　　　　　　　**Gross Laden Weight:** 38.00 t.
Maximum Speed: 60 mph.　　　　　　**Length:** 9144 mm. (30 ft.)
Suspension: Eyebolt and Auxiliary Rubbers.
Notes: Built using former PVV underframes (former numbers in brackets where known).
Current Hirer: All currently stored at Goole Yard.
Usual Workings: Between Pontsmill and various locations in Scotland.

RLS 6304 a	(APCM 6238)	RLS 6313 b	(APCM 62　)
RLS 6305 *	(APCM 6240)	RLS 6314 b	(APCM 62　)
RLS 6308 b	(APCM 6263)	RLS 6315 *	(APCM 62　)
RLS 6310 *	(APCM 6284)	RLS 6316 *	(APCM 62　)
RLS 6311 a	(APCM 6292)		

6804, 6811　　　　　　　　VAN　　　　　　　　　　PTB
Design Code: PT007A. (Ex PV003A)
Builder: Gloucester R C & W, Gloucester, 1968.
Tare Weight: 12.20 t.　　　　　　　　**Gross Laden Weight:** 36.00 t.
Maximum Speed: 60 mph.　　　　　　**Length:** 8839 mm. (29 ft.)
Suspension: Double Link.
Usual Workings: Between various Ministry of Defence depots.

MODA 6804　　　　MODA 6811

6904-6914　　　　　　　　VAN　　　　　　　　　　PVB
Design Code: PV006B.
Builder: Standard Wagon, Heywood, 1973.

19

Tare Weight: 14.70 t.
Maximum Speed: 60 mph.
Suspension: BSC Friction Pedestal.
Notes: Currently stored at Healey Mills.

Gross Laden Weight: 46.00 t.
Length: 11582 mm. (38 ft.)

BRT 6904	BRT 6906	BRT 6911	BRT 6913	BRT 6914
BRT 6905	BRT 6907			

6915-6934　　　　　　VAN　　　　　　　　　　　PVA

Design Code: PV009A.
Builder: Procor, Wakefield, 1982-85.
Tare Weight: 14.20 t.
Maximum Speed: 60 mph.
Suspension: FAT28 Friction Link.
Notes: All currently stored.

Gross Laden Weight: 46.00 t.
Length: 13830 mm. (45 ft. 4 in.)

PR 6915	PR 6919	PR 6923	PR 6927	PR 6931
PR 6916	PR 6920	PR 6924	PR 6928	PR 6932
PR 6917	PR 6921	PR 6925	PR 6929	PR 6933
PR 6918	PR 6922	PR 6926	PR 6930	PR 6934

6950　　　　　　　　　VAN　　　　　　　　　　　PUA

Design Code: PU008A.
Builder: Powell Duffryn, Cardiff, 1981.
Tare Weight: 16.75 t.
Maximum Speed: 60 mph.
Suspension: Double Link.
Notes: Built using a former TTA underframe (former number in brackets); Currently stored.

Gross Laden Weight: 45.95 t.
Length: 10668 mm. (35 ft.)

TRL 6950　　　(TRL 51915)

7001-7030　　　　BOGIE PALVAN　　　　　　JWA/PVA

Design Code: JW002A, JW002F (fitted with new roof and doors), PV010A* (Ex PW003A; fitted with Gullwing doors).
Builder: Gloucester R C & W, Gloucester, 1968-69.
Tare Weight: 27.00 t;f 24.50 t; * 29.00 t.
Gross Laden Weight: 75.00 t;* 77.50 t.
Maximum Speed: 60 mph.　　　　　　　　　**Length:** 15045 mm. (49 ft. 4 in.)
Bogie Type: Gloucester Fastfreight.
Current Hirer: Kemira Fertilisers.
Usual Workings: Between Ince & Elton and various Kemira depots.

LS 7001 a	LS 7007 f	LS 7014 f	LS 7020 f	LS 7026 a
LS 7002 f	LS 7008 a	LS 7015 a	LS 7021 f	LS 7027 a
LS 7003 a	LS 7009 a	LS 7016 a	LS 7022 a	LS 7028 f
LS 7004 a	LS 7010 f	LS 7017 a	LS 7023 a	LS 7029 *
LS 7005 a	LS 7011 f	LS 7018 f	LS 7024 f	LS 7030 a
LS 7006 f	LS 7012 a	LS 7019 f	LS 7025 a	

7031-7048　　　　BOGIE PALVAN　　　　　　　　JWA

Design Code: JW001C.
Builder: BREL, Ashford, 1971-72.
Tare Weight: 26.00 t.　　　　　　　　　　　**Gross Laden Weight:** 74.00 t.
Maximum Speed: 60 mph.　　　　　　　　　**Length:** 15240 mm. (50 ft.)
Bogie Type: Gloucester Fastfreight.
Current Hirer: Kemira Fertilisers.
Usual Workings: Between Ince & Elton and various Kemira depots.

PNA TRL 5488 (Des. Code PN016N) at Westbury 28.07.89 (H. P. Searle)

JWA LS 7050 (Des. Code JW010A) at Ince & Elton 04.88 (A. Marshall)

LS 7031	LS 7035	LS 7039	LS 7043	LS 7047	
LS 7032	LS 7036	LS 7040	LS 7044	LS 7048	
LS 7033	LS 7037	LS 7041	LS 7045		
LS 7034	LS 7038	LS 7042	LS 7046		

7049-7050   BOGIE PALVAN   JWA

Design Code: JW002D, JW010A.
Builder: Procor, Wakefield 1975 (7049) or W.H. Davis, Langwith Junction 1975 (7050).
Tare Weight: 26.00 t.   **Gross Laden Weight:** 74.00 t.
Maximum Speed: 60 mph.   **Length:** 15240 mm. (50 ft.)
Bogie Type: Gloucester Fastfreight.
Current Hirer: Kemira Fertilisers.
Usual Workings: Between Ince & Elton and various Kemira depots.

LS 7049 d   LS 7050 a

7150-7168   BOGIE PALVAN   JWA

Design Code: JW001B, JW001A, or JW002E.
Builder: BREL, Ashford, 1972 (7150-67) or Procor, Wakefield, 1976 (7168).
Tare Weight: 26.00 t.   **Gross Laden Weight:** 74.00 t.
Maximum Speed: 60 mph.   **Length:** 15240 mm. (50 ft.)
Bogie Type: Gloucester Fastfreight (b e); Gloucester GPS (a)
Current Hirer: Kemira fertilisers.
Usual Workings: Between Ince & Elton and various Kemira depots.

BRT 7150 b	BRT 7155 b	BRT 7159 b	BRT 7163 b	BRT 7166 b
BRT 7152 b	BRT 7156 b	BRT 7160 b	BRT 7164 b	BRT 7167 a
BRT 7153 b	BRT 7157 b	BRT 7161 b	BRT 7165 b	BRT 7168 e
BRT 7154 b	BRT 7158 b	BRT 7162 b		

7300-7324   BOGIE PALVAN   JWA

Design Code: JW002B.
Builder: Procor, Wakefield, 1975.
Tare Weight: 26.00 t.   **Gross Laden Weight:** 74.00 t.
Maximum Speed: 60 mph.   **Length:** 15240 mm. (50 ft.)
Bogie Type: Gloucester Fastfreight.
Current Hirer: Kemira Fertilisers.
Usual Workings: Between Ince & Elton to various Kemira depots.

SSTR 7300	SSTR 7305	SSTR 7310	SSTR 7315	SSTR 7320
SSTR 7301	SSTR 7306	SSTR 7311	SSTR 7316	SSTR 7321
SSTR 7302	SSTR 7307	SSTR 7312	SSTR 7317	SSTR 7322
SSTR 7303	SSTR 7308	SSTR 7313	SSTR 7318	SSTR 7323
SSTR 7304	SSTR 7309	SSTR 7314	SSTR 7319	SSTR 7324

7745-7799   COVERED HOPPER   PAA/PAB

Design Code: PA004C (PAA) or PA004D (PAB).
Builder: BREL, Doncaster, 1971.
Tare Weight: 12.95 t.   **Gross Laden Weight:** 40.95 t.
Maximum Speed: 60 mph.   **Length:** 9144 mm. (30 ft.)
Suspension: Gloucester Friction Pedestal.
Notes: Currently stored.

BRT 7745 c	BRT 7772 c	BRT 7779 c	BRT 7786 c	BRT 7793 c

JWA BRT 7160 (Des. Code JW001B) at Banbury 21.07.83 (R. Wallace)

PAA BRT 7789 (Des. Code PA004C) at Whitemoor Yard 11.88 (A. Marshall)

BRT 7755 d   BRT 7773 c   BRT 7780 c   BRT 7787 c   BRT 7794 c
BRT 7758 d   BRT 7774 c   BRT 7781 c   BRT 7788 c   BRT 7795 c
BRT 7761 c   BRT 7775 d   BRT 7782 c   BRT 7789 c   BRT 7796 c
BRT 7765 c   BRT 7776 c   BRT 7783 c   BRT 7790 c   BRT 7797 c
BRT 7767 c   BRT 7777 c   BRT 7784 c   BRT 7791 c   BRT 7798 c
BRT 7771 c   BRT 7778 c   BRT 7785 c   BRT 7792 c   BRT 7799 c

7825-7844   COVERED HOPPER   PAA
Design Code: PA012B.
Builder: Standard Wagon, Heywood, 1983.
Tare Weight: 12.90 t.　　　　　　　　　**Gross Laden Weight:** 51.00 t.
Maximum Speed: 60 mph.　　　　　　　**Length:** 7920 mm. (26 ft.)
Suspension: Gloucester Floating Axle.
Usual Workings: Between Middleton Towers and Cudworth.

BIS 7825   BIS 7829   BIS 7833   BIS 7837   BIS 7841
BIS 7826   BIS 7830   BIS 7834   BIS 7838   BIS 7842
BIS 7827   BIS 7831   BIS 7835   BIS 7839   BIS 7843
BIS 7828   BIS 7832   BIS 7836   BIS 7840   BIS 7844

7950-7960   HOPPER   PGA
Design Code: PG018A or PG018E.
Builder: W.H. Davis, Langwith Junction, 1981-82.
Tare Weight: 13.55 t.　　　　　　　　　**Gross Laden Weight:** 51.00 t.
Maximum Speed: 60 mph.　　　　　　　**Length:** 7920 mm. (26 ft.)
Suspension: Gloucester Floating Axle.
Notes: Currently stored at March.

BIS 7950 e   BIS 7953 e   BIS 7955 e   BIS 7957 a   BIS 7959 e
BIS 7951 e   BIS 7954 e   BIS 7956 e   BIS 7958 e   BIS 7960 e
BIS 7952 e

7961-7970   HOPPER   PGA
Design Code: PG018C.
Builder: W.H. Davis, Langwith Junction, 1981-82.
Tare Weight: 13.55 t.　　　　　　　　　**Gross Laden Weight:** 51.00 t.
Maximum Speed: 60 mph.　　　　　　　**Length:** 7920 mm. (26 ft.)
Suspension: Gloucester Floating Axle.
Usual Workings: Between Middleton Towers and Cudworth.

BIS 7961   BIS 7963   BIS 7965   BIS 7967   BIS 7969
BIS 7962   BIS 7964   BIS 7966   BIS 7968   BIS 7970

7971-7984   HOPPER   PAA/PGA
Design Code: PA012B or PG018B g.
Builder: Standard Wagon, Heywood, 1981.
Tare Weight: 13.55 t.　　　　　　　　　**Gross Laden Weight:** 51.00 t.
Maximum Speed: 60 mph.　　　　　　　**Length:** 7920 mm. (26 ft.)
Suspension: Gloucester Pedestal.
Usual Workings: Between Middleton Towers and Cudworth. 7971-74 are currently stored at March.

BIS 7971 g   BIS 7974 g   BIS 7977 b   BIS 7980 b   BIS 7983 b
BIS 7972 g   BIS 7975 b   BIS 7978 b   BIS 7981 b   BIS 7984 b
BIS 7973 g   BIS 7976 b   BIS 7979 b   BIS 7982 b

7985-7989 HOPPER PGA

Design Code: PG018B.
Builder: Standard Wagon, Heywood, 1981.
Tare Weight: 13.55 t.
Maximum Speed: 60 mph.
Suspension: Gloucester Pedestal.
Notes: Currently stored at March.

Gross Laden Weight: 51.00 t.
Length: 7920 mm. (26 ft.)

BIS 7985	BIS 7986	BIS 7987	BIS 7988	BIS 7989

8001-8049 COVERED HOPPER PAB

Design Code: PA005B.
Builder: Standard Wagon, Heywood, 1971.
Tare Weight: 13.20 t.
Maximum Speed: 60 mph.
Suspension: FAT 4 UIC Double Link.
Current Hirer: Steetley.
Usual Workings: Work between Thrislington and Hartlepool.

Gross Laden Weight: 46.00 t.
Length: 9144 mm. (30 ft.)

PR 8001	PR 8012	PR 8016	PR 8028	PR 8037
PR 8002	PR 8013	PR 8018	PR 8031	PR 8047
PR 8006	PR 8014	PR 8022	PR 8032	PR 8049
PR 8008	PR 8015	PR 8023		

8050-8118 COVERED HOPPER PBA

Design Code: PB005A.
Builder: Standard Wagon, Heywood, 1972-73.
Tare Weight: 12.70 t.
Maximum Speed: 60 mph.
Suspension: BSC Friction Pedestal.
Current Hirer: British Steel Teesside.
Usual Workings: Between Shap Quarry and Lackenby. 8056/86/91 are currently stored at Tees Yard.

Gross Laden Weight: 46.00 t.
Length: 9144 mm. (30 ft.)

BRT 8050	BRT 8064	BRT 8078	BRT 8092	BRT 8106
BRT 8051	BRT 8065	BRT 8079	BRT 8093	BRT 8107
BRT 8052	BRT 8066	BRT 8080	BRT 8094	BRT 8108
BRT 8053	BRT 8067	BRT 8081	BRT 8095	BRT 8109
BRT 8054	BRT 8068	BRT 8082	BRT 8096	BRT 8110
BRT 8055	BRT 8069	BRT 8083	BRT 8097	BRT 8111
BRT 8056	BRT 8070	BRT 8084	BRT 8098	BRT 8112
BRT 8057	BRT 8071	BRT 8085	BRT 8099	BRT 8113
BRT 8058	BRT 8072	BRT 8086	BRT 8100	BRT 8114
BRT 8059	BRT 8073	BRT 8087	BRT 8101	BRT 8115
BRT 8060	BRT 8074	BRT 8088	BRT 8102	BRT 8116
BRT 8061	BRT 8075	BRT 8089	BRT 8103	BRT 8117
BRT 8062	BRT 8076	BRT 8090	BRT 8104	BRT 8118
BRT 8063	BRT 8077	BRT 8091	BRT 8105	

8150-8199 COVERED HOPPER PBA

Design Code: PB008A, or PB008B.
Builder: BREL, Ashford, 1975.
Tare Weight: 13.70 t.
Maximum Speed: 60 mph.
Suspension: BSC Friction Pedestal.
Usual Workings: Between Hardendale and Ravenscraig.

Gross Laden Weight: 51.00 t.
Length: 9448 mm. (31 ft.)

BSGL 8150 a	BSGL 8160 a	BSGL 8170 a	BSGL 8180 a	BSGL 8190 a	
BSGL 8151 a	BSGL 8161 a	BSGL 8171 a	BSGL 8181 a	BSGL 8191 a	
BSGL 8152 a	BSGL 8162 b	BSGL 8172 a	BSGL 8182 a	BSGL 8192 a	
BSGL 8153 a	BSGL 8163 a	BSGL 8173 a	BSGL 8183 a	BSGL 8193 a	
BSGL 8154 a	BSGL 8164 a	BSGL 8174 a	BSGL 8184 a	BSGL 8194 a	
BSGL 8155 a	BSGL 8165 a	BSGL 8175 a	BSGL 8185 a	BSGL 8195 a	
BSGL 8156 a	BSGL 8166 a	BSGL 8176 a	BSGL 8186 a	BSGL 8196 a	
BSGL 8157 a	BSGL 8167 a	BSGL 8177 a	BSGL 8187 a	BSGL 8197 a	
BSGL 8158 a	BSGL 8168 a	BSGL 8178 a	BSGL 8188 a	BSGL 8198 a	
BSGL 8159 a	BSGL 8169 a	BSGL 8179 a	BSGL 8189 a	BSGL 8199 a	

8204-8253   HOPPER   PGA

Design Code: PG002D.
Builder: Standard Wagon, Heywood, 1971.
Tare Weight: 12.60 t.   **Gross Laden Weight:** 46.00 t.
Maximum Speed: 60 mph.   **Length:** 9144 mm. (30 ft.)
Suspension: FAT Double Link, Taperleaf.
Notes: All currently stored.

PR 8204	PR 8214	PR 8226	PR 8232	PR 8242	
PR 8208	PR 8218	PR 8227	PR 8234	PR 8245	
PR 8209	PR 8219	PR 8228	PR 8235	PR 8246	
PR 8210	PR 8220	PR 8229	PR 8239	PR 8251	
PR 8212	PR 8223	PR 8230	PR 8240	PR 8253	
PR 8213	PR 8224				

8256-8300   HOPPER   PGA

Design Code: PG007B.
Builder: Procor, Wakefield, 1975.
Tare Weight: 13.60 t.   **Gross Laden Weight:** 51.00 t.
Maximum Speed: 60 mph.   **Length:** 8839 mm. (29 ft.)
Suspension: BSC Friction Pedestal.
Current Hirers: Tilcon (8264/86); Roche (other non stored vehicles).
Usual Workings: (Roche) To and from Dalry; (Tilcon) Between Grassington, Leeds and Hull.
Notes: Wagons marked Z in the list below are currently stored at Ely.

PR 8256	PR 8265	PR 8274 Z	PR 8284 Z	PR 8293 Z
PR 8257	PR 8266 Z	PR 8275 Z	PR 8285 Z	PR 8294 Z
PR 8258 Z	PR 8267	PR 8276	PR 8286	PR 8295 Z
PR 8259 Z	PR 8268 Z	PR 8278	PR 8287 Z	PR 8296
PR 8260 Z	PR 8269 Z	PR 8279	PR 8288 Z	PR 8297 Z
PR 8261	PR 8270 Z	PR 8280 Z	PR 8289 Z	PR 8298
PR 8262	PR 8271	PR 8281 Z	PR 8290	PR 8299
PR 8263 Z	PR 8272 Z	PR 8282	PR 8291	PR 8300 Z
PR 8264	PR 8273	PR 8283 Z	PR 8292 Z	

8901-8918   HOPPER   PGA

Design Code: PG007B.
Builder: Procor, Wakefield, 1975.
Tare Weight: 13.60 t.   **Gross Laden Weight:** 51.00 t.
Maximum Speed: 60 mph.   **Length:** 8839 mm. (29 ft.)
Suspension: BSC Friction Pedestal.
Current Hirers: Tilcon (8906/8); Roche (other non stored vehicles).
Usual Workings: (Roche) To and from Dalry; (Tilcon) Between Grassington, Leeds and Hull.
Notes: Wagons marked Z in the list below are currently stored at Ely.

PR 8901	PR 8905	PR 8909 Z	PR 8913 Z	PR 8916 Z
PR 8902 Z	PR 8906	PR 8910 Z	PR 8914	PR 8917
PR 8903	PR 8907 Z	PR 8911 Z	PR 8915 Z	PR 8918
PR 8904	PR 8908	PR 8912		

PGA PR 8223 (Des. Code PG002D) at Peak Forest 21.05.89 (R. Wallace)

PCA PR 9420 (Des. Code PC010A) at Ardwick 20.04.86 (R. Wallace)

8983-9018   CEMENT   PCA

Design Code: PC008A.
Builder: IMC Engineering, Hartlepool, 1972-73.
Tare Weight: 11.80 t.   **Gross Laden Weight:** 51.00 t.
Maximum Speed: 60 mph.   **Length:** 8229 mm. (27 ft.)
Suspension: BSC Friction Pedestal.
Usual Workings: To and from Ketton.

TC 8983	TC 8991	TC 8998	TC 9005	TC 9012
TC 8984	TC 8992	TC 8999	TC 9006	TC 9013
TC 8985	TC 8993	TC 9000	TC 9007	TC 9014
TC 8986	TC 8994	TC 9001	TC 9008	TC 9015
TC 8987	TC 8995	TC 9002	TC 9009	TC 9016
TC 8988	TC 8996	TC 9003	TC 9010	TC 9017
TC 8989	TC 8997	TC 9004	TC 9011	TC 9018
TC 8990				

9100-9235   CEMENT   PCA

Design Code: PC009A.
Builder: BREL, Shildon, 1973-74.
Tare Weight: 13.10 t.   **Gross Laden Weight:** 51.00 t.
Maximum Speed: 60 mph.   **Length:** 8256 mm. (27 ft. 1 in.)
Suspension: Gloucester Floating Axle.
Usual Workings: To and from Eastgate, Hope and Northfleet.

APCM 9100	APCM 9128	APCM 9155	APCM 9182	APCM 9209
APCM 9101	APCM 9129	APCM 9156	APCM 9183	APCM 9210
APCM 9102	APCM 9130	APCM 9157	APCM 9184	APCM 9211
APCM 9103	APCM 9131	APCM 9158	APCM 9185	APCM 9212
APCM 9104	APCM 9132	APCM 9159	APCM 9186	APCM 9213
APCM 9105	APCM 9133	APCM 9160	APCM 9187	APCM 9214
APCM 9106	APCM 9134	APCM 9161	APCM 9188	APCM 9215
APCM 9107	APCM 9135	APCM 9162	APCM 9189	APCM 9216
APCM 9108	APCM 9136	APCM 9163	APCM 9190	APCM 9217
APCM 9109	APCM 9137	APCM 9164	APCM 9191	APCM 9218
APCM 9110	APCM 9138	APCM 9165	APCM 9192	APCM 9219
APCM 9111	APCM 9139	APCM 9166	APCM 9193	APCM 9220
APCM 9112	APCM 9140	APCM 9167	APCM 9194	APCM 9221
APCM 9113	APCM 9141	APCM 9168	APCM 9195	APCM 9222
APCM 9114	APCM 9142	APCM 9169	APCM 9196	APCM 9223
APCM 9115	APCM 9143	APCM 9170	APCM 9197	APCM 9224
APCM 9116	APCM 9144	APCM 9171	APCM 9198	APCM 9225
APCM 9117	APCM 9145	APCM 9172	APCM 9199	APCM 9226
APCM 9118	APCM 9146	APCM 9173	APCM 9200	APCM 9227
APCM 9119	APCM 9147	APCM 9174	APCM 9201	APCM 9228
APCM 9120	APCM 9148	APCM 9175	APCM 9202	APCM 9229
APCM 9121	APCM 9149	APCM 9176	APCM 9203	APCM 9230
APCM 9122	APCM 9150	APCM 9177	APCM 9204	APCM 9231
APCM 9123	APCM 9151	APCM 9178	APCM 9205	APCM 9232
APCM 9124	APCM 9152	APCM 9179	APCM 9206	APCM 9233
APCM 9125	APCM 9153	APCM 9180	APCM 9207	APCM 9234
APCM 9126	APCM 9154	APCM 9181	APCM 9208	APCM 9235
APCM 9127				

9236-9394   CEMENT   PCA

Design Code: PC009A or PC009G.
Builder: BREL, Doncaster, 1975-77.
Tare Weight: 13.10 t.   **Gross Laden Weight:** 51.00 t.
Maximum Speed: 60 mph.   **Length:** 8256 mm. (27 ft. 1 in.)

Suspension: Gloucester Floating Axle. (g Double Link)
Usual Workings: To and from Eastgate, Hope and Northfleet.

APCM 9236 a	APCM 9268 a	APCM 9301 a	APCM 9333 a	APCM 9369 a
APCM 9237 a	APCM 9269 a	APCM 9302 a	APCM 9334 a	APCM 9370 a
APCM 9238 a	APCM 9270 a	APCM 9303 a	APCM 9335 a	APCM 9371 a
APCM 9239 a	APCM 9271 a	APCM 9304 a	APCM 9336 a	APCM 9372 a
APCM 9240 a	APCM 9272 a	APCM 9305 a	APCM 9337 a	APCM 9373 a
APCM 9241 a	APCM 9273 a	APCM 9306 a	APCM 9338 g	APCM 9374 a
APCM 9242 a	APCM 9274 a	APCM 9307 a	APCM 9339 a	APCM 9375 a
APCM 9243 a	APCM 9275 a	APCM 9308 a	APCM 9340 a	APCM 9376 a
APCM 9244 a	APCM 9276 a	APCM 9309 a	APCM 9341 a	APCM 9377 a
APCM 9245 a	APCM 9277 a	APCM 9310 a	APCM 9342 a	APCM 9378 a
APCM 9246 a	APCM 9278 a	APCM 9311 a	APCM 9343 a	APCM 9379 a
APCM 9247 a	APCM 9279 a	APCM 9312 a	APCM 9344 a	APCM 9380 a
APCM 9248 a	APCM 9280 a	APCM 9313 a	APCM 9345 a	APCM 9381 a
APCM 9249 a	APCM 9281 a	APCM 9314 a	APCM 9346 a	APCM 9382 a
APCM 9250 a	APCM 9282 a	APCM 9315 a	APCM 9347 a	APCM 9383 a
APCM 9251 a	APCM 9283 a	APCM 9316 a	APCM 9348 a	APCM 9384 a
APCM 9252 a	APCM 9284 a	APCM 9317 a	APCM 9349 a	APCM 9385 a
APCM 9253 a	APCM 9285 a	APCM 9318 a	APCM 9350 a	APCM 9386 a
APCM 9254 a	APCM 9286 a	APCM 9319 a	APCM 9351 a	APCM 9387 a
APCM 9255 a	APCM 9287 a	APCM 9320 a	APCM 9352 a	APCM 9388 a
APCM 9256 a	APCM 9288 a	APCM 9321 a	APCM 9353 a	APCM 9389 a
APCM 9257 a	APCM 9289 a	APCM 9322 a	APCM 9354 a	APCM 9390 a
APCM 9258 a	APCM 9290 a	APCM 9323 a	APCM 9355 a	APCM 9391 a
APCM 9259 a	APCM 9291 a	APCM 9324 a	APCM 9356 a	APCM 9392 a
APCM 9260 a	APCM 9293 a	APCM 9325 a	APCM 9357 a	APCM 9393 a
APCM 9261 a	APCM 9294 a	APCM 9326 a	APCM 9358 a	APCM 9394 a
APCM 9262 a	APCM 9295 a	APCM 9327 a	APCM 9359 a	APCM 9364 a
APCM 9263 a	APCM 9296 a	APCM 9328 a	APCM 9360 a	APCM 9365 a
APCM 9264 a	APCM 9297 a	APCM 9329 a	APCM 9361 a	APCM 9366 a
APCM 9265 a	APCM 9298 a	APCM 9330 a	APCM 9362 a	APCM 9367 a
APCM 9266 a	APCM 9299 a	APCM 9331 a	APCM 9363 a	APCM 9368 a
APCM 9267 a	APCM 9300 a	APCM 9332 a		

9395-9399   CEMENT   PCA

Design Code: PC009C.
Builder: BREL, Shildon, 1977.
Tare Weight: 13.10 t.   **Gross Laden Weight:** 51.00 t.
Maximum Speed: 60 mph.   **Length:** 8256 mm. (27 ft. 1 in.)
Suspension: Gloucester Floating Axle.
Usual Workings: To and from Eastgate, Hope and Northfleet.

APCM 9395	APCM 9396	APCM 9397	APCM 9398	APCM 9399

9400-9424   CEMENT   PCA

Design Code: PC010A.
Builder: Charles Roberts, Wakefield, 1973-74.
Tare Weight: 13.20 t.   **Gross Laden Weight:** 51.00 t.
Maximum Speed: 60 mph.   **Length:** 8266 mm. (27 ft. 1 in.)
Suspension: Gloucester Primary 2 Axle.
Notes: All currently stored.

PR 9400	PR 9405	PR 9410	PR 9415	PR 9420
PR 9401	PR 9406	PR 9411	PR 9416	PR 9421
PR 9402	PR 9407	PR 9412	PR 9417	PR 9422
PR 9403	PR 9408	PR 9413	PR 9418	PR 9423
PR 9404	PR 9409	PR 9414	PR 9419	PR 9424

9425-9434   CEMENT   PCA

Design Code: PC009A.
Builder: BREL, Shildon, 1977.
Tare Weight: 13.10 t.   **Gross Laden Weight:** 51.00 t.
Maximum Speed: 60 mph.   **Length:** 8256 mm. (27 ft. 1 in.)
Suspension: Gloucester Floating Axle.
Usual Workings: To and from Eastgate, Hope and Northfleet.

APCM 9425	APCM 9427	APCM 9429	APCM 9431	APCM 9433
APCM 9426	APCM 9428	APCM 9430	APCM 9432	APCM 9434

9435-9459   CEMENT   PCA

Design Code: PC010B.
Builder: Procor, Wakefield, 1975.
Tare Weight: 13.70 t.   **Gross Laden Weight:** 51.00 t.
Maximum Speed: 60 mph.   **Length:** 8266 mm. (27 ft. 1 in.)
Suspension: BSC Friction Pedestal.
Usual Workings: Between Halling and Southampton.

RC 9435	RC 9440	RC 9445	RC 9450	PR 9455
RC 9436	RC 9441	RC 9446	RC 9451	PR 9456
RC 9437	RC 9442	RC 9447	RC 9452	PR 9457
RC 9438	RC 9443	RC 9448	RC 9453	PR 9458
RC 9439	RC 9444	RC 9449	RC 9454	PR 9459

9460-9474   CEMENT   PCA

Design Code: PC009B.
Builder: BREL, Doncaster, 1975.
Tare Weight: 12.45 t.   **Gross Laden Weight:** 50.95 t.
Maximum Speed: 60 mph.   **Length:** 8229 mm. (27 ft.)
Suspension: Gloucester Pedestal.
Current Hirers: Castle Cement (9460-62); Albright & Wilson (9463-75).
Usual Workings: (Castle) To and from Ketton; (A & W) Between Whitehaven and West Thurrock.

TRL 9460	TRL 9463	TRL 9466	TRL 9469	TRL 9473
TRL 9461	TRL 9464	TRL 9467	TRL 9470	TRL 9474
TRL 9462	TRL 9465	TRL 9468	TRL 9472	TRL 9475

9475-9489   POWDER   PAA/PCA

Design Code: PC010C or PA013A.
Builder: Procor, Wakefield, 1976-77. 9484 rebuilt 1988.
Tare Weight: 13.45 t.   **Gross Laden Weight:** 50.95 t.
Maximum Speed: 60 mph.   **Length:** 8266 mm. (27 ft. 1 in.)
Suspension: BSC Friction Pedestal.
Notes: All are currently stored.

PR 9475 c	PR 9478 c	PR 9481 c	PR 9484 a	PR 9487 c
PR 9476 c	PR 9479 c	PR 9482 c	PR 9485 c	PR 9488 c
PR 9477 c	PR 9480 c	PR 9483 c	PR 9486 c	PR 9489 c

9490-9493   CEMENT   PCA

Design Code: PC013A.
Builder: Standard Wagon, Heywood, 1977.
Tare Weight: 13.45 t.   **Gross Laden Weight:** 50.95 t.
Maximum Speed: 60 mph.   **Length:** 8734 mm. (28 ft. 8 in.)
Suspension: BSC Friction Pedestal.

JDA PR 9827 (Des. Code JD002C) at Heywood 26.04.85 (R. Wallace)

PCA RC 10060 (Des. Code PC015A) at Norwich 25.08.85 (R. Wallace)

Usual Workings: To and from Ketton.

TC 9490   TC 9491   TC 9492   TC 9493

9494-9499   POWDER   PCA

Design Code: PC009K.
Builder: Procor, Wakefield, 1983.
Tare Weight: 13.40 t.   **Gross Laden Weight:** 51.00 t.
Maximum Speed: 60 mph.   **Length:** 8255 mm. (27 ft. 1 in.)
Suspension: Gloucester Floating Axle.
Current Hirer: Albright and Wilson.
Usual Workings: Between Whitehaven and West Thurrock.

PR 9494	PR 9496	PR 9497	PR 9498	PR 9499
PR 9495				

9502-9549   BOGIE CEMENT   JCA

Design Code: JC001A.
Builder: Metropolitan Cammell, Birmingham, 1971-72.
Tare Weight: 22.35 t.   **Gross Laden Weight:** 101.95 t.
Maximum Speed: 60 mph.   **Length:** 16764 mm. (55 ft.)
Bogie Type: Gloucester Metalastik Mk. 3.
Usual Workings: 9505/40/49 between Ipswich and Sizewell, all others currently stored.
Notes: A number of these wagons are to be sold to Croxton & Garry. 9526/36 are allocated prefix CG but do not carry this at present.

APCM 9502	APCM 9512	APCM 9522	APCM 9533	APCM 9542
APCM 9503	APCM 9513	APCM 9523	APCM 9534	APCM 9543
APCM 9505	APCM 9514	APCM 9526	APCM 9535	APCM 9544
APCM 9506	APCM 9515	APCM 9527	APCM 9536	APCM 9545
APCM 9507	APCM 9517	APCM 9528	APCM 9537	APCM 9546
APCM 9508	APCM 9518	APCM 9529	APCM 9538	APCM 9547
APCM 9509	APCM 9519	APCM 9530	APCM 9539	APCM 9548
APCM 9510	APCM 9520	APCM 9531	APCM 9540	APCM 9549
APCM 9511	APCM 9521	APCM 9532	APCM 9541	

9700-9766   BOGIE CEMENT   JCA

Design Code: JC001B.
Builder: Metropolitan Cammell, Birmingham, 1969-70.
Tare Weight: 22.35 t.   **Gross Laden Weight:** 101.95 t.
Maximum Speed: 60 mph.   **Length:** 16764 mm. (55 ft.)
Bogie Type: Gloucester Metalastik Mk. 3.
Usual Workings: 9701/10/30/33/43/48/57/67 between Ipswich and Sizewell, all others currently stored.
Notes: A number of these wagons are to be sold to Croxton & Garry. Originally owned by Lloyds & Scottish (LS)

BCC 9700	BCC 9713	BCC 9726	BCC 9740	BCC 9753
BCC 9701	BCC 9714	BCC 9727	BCC 9741	BCC 9755
BCC 9703	BCC 9715	BCC 9728	BCC 9742	BCC 9756
BCC 9704	BCC 9716	BCC 9729	BCC 9743	BCC 9757
BCC 9705	BCC 9717	BCC 9730	BCC 9744	BCC 9758
BCC 9706	BCC 9718	BCC 9731	BCC 9745	BCC 9759
BCC 9707	BCC 9719	BCC 9732	BCC 9746	BCC 9760
BCC 9708	BCC 9720	BCC 9733	BCC 9747	BCC 9761
BCC 9709	BCC 9721	BCC 9734	BCC 9748	BCC 9764
BCC 9710	BCC 9723	BCC 9735	BCC 9751	BCC 9765
BCC 9711	BCC 9724	BCC 9736	BCC 9752	BCC 9766
BCC 9712	BCC 9725	BCC 9737		

9800-9835 BOGIE CEMENT JDA

Design Code: JD002C.
Builder: Standard Wagon, Heywood, 1982.
Tare Weight: 24.70 t. **Gross Laden Weight:** 90.00 t.
Maximum Speed: 60 mph. **Length:** 15240 mm. (50 ft.)
Bogie Type: Sambre et Meuse Y25.
Notes: Currently awaiting overhaul at RFS Doncaster.

RLS 9800	RLS 9808	RLS 9815	LS 9822	RLS 9829
RLS 9801	RLS 9809	RLS 9816	RLS 9823	RLS 9830
RLS 9802	RLS 9810	RLS 9817	RLS 9824	RLS 9831
RLS 9803	RLS 9811	RLS 9818	RLS 9825	RLS 9832
RLS 9804	RLS 9812	RLS 9819	RLS 9826	RLS 9833
RLS 9805	RLS 9813	RLS 9820	RLS 9827	RLS 9834
RLS 9806	RLS 9814	RLS 9821	RLS 9828	RLS 9835
RLS 9807				

10000-10018 POWDER PCA

Design Code: PC015A, PC015E or PC015F.
Builder: Procor, Wakefield, 1976.
Tare Weight: 13.10 t. **Gross Laden Weight:** 51.00 t.
Maximum Speed: 60 mph. **Length:** 8266 mm. (27 ft. 1 in.)
Suspension: BSC Friction Pedestal.
Current Hirer: Cerestar.
Usual Workings: To and from Ardwick, although PR 10004/12/14/15/16 are currently stored.

PR 10000 f	PR 10004 a	PR 10008 f	PR 10012 e	PR 10016 e
PR 10001 f	PR 10005 f	PR 10009 f	PR 10013 f	PR 10017 e
PR 10002 f	PR 10006 f	PR 10010 f	PR 10014 e	PR 10018 f
PR 10003 f	PR 10007 f	PR 10011 f	PR 10015 e	

10019-10024 CEMENT PCA

Design Code: PC015A.
Builder: Procor, Wakefield, 1976.
Tare Weight: 13.70 t. **Gross Laden Weight:** 51.00 t.
Maximum Speed: 60 mph. **Length:** 8266 mm. (27 ft. 1 in.)
Suspension: Gloucester Floating Axle.
Usual Workings: Between Halling and Southampton.

RC 10019	RC 10021	RC 10022	RC 10023	RC 10024
RC 10020				

10025-10049 CEMENT PCA

Design Code: PC015D.
Builder: Procor, Wakefield, 1981.
Tare Weight: 13.70 t. **Gross Laden Weight:** 51.00 t.
Maximum Speed: 60 mph. **Length:** 8266 mm. (27 ft. 1 in.)
Suspension: Gloucester Floating Axle.
Notes: These wagons were originally owned by Procor. All currently stored.

RC 10025	RC 10030	RC 10035	RC 10040	RC 10045
RC 10026	RC 10031	RC 10036	RC 10041	RC 10046
RC 10027	RC 10032	RC 10037	RC 10042	RC 10047
RC 10028	RC 10033	RC 10038	RC 10043	RC 10048
RC 10029	RC 10034	RC 10039	RC 10044	RC 10049

10050-10064   CEMENT   PCA

Design Code: PC015A.
Builder: Procor, Wakefield, 1984-85.
Tare Weight: 13.70 t.   **Gross Laden Weight:** 51.00 t.
Maximum Speed: 60 mph.   **Length:** 8266 mm. (27 ft. 1 in.)
Suspension: Gloucester Floating Axle.
Usual Workings: To and from Foxton and Scunthorpe, between St. Neots and Sizewell and also to and from Foxton.

RC 10050	RC 10053	RC 10056	RC 10059	RC 10062
RC 10051	RC 10054	RC 10057	RC 10060	RC 10063
RC 10052	RC 10055	RC 10058	RC 10061	RC 10064

10100-10124   POWDER   PCA

Design Code: PC015C.
Builder: Procor, Wakefield, 1980-81.
Tare Weight: 14.00 t.   **Gross Laden Weight:** 51.00 t.
Maximum Speed: 60 mph.   **Length:** 8266 mm. (27 ft. 1 in.)
Suspension: Gloucester Floating Axle.
Current Hirer: ICI Mond Division.
Usual Workings: To and from Wallerscote. PR 10100-10105 are currently stored.

PR 10100	PR 10105	PR 10110	PR 10115	PR 10120
PR 10101	PR 10106	PR 10111	PR 10116	PR 10121
PR 10102	PR 10107	PR 10112	PR 10117	PR 10122
PR 10103	PR 10108	PR 10113	PR 10118	PR 10123
PR 10104	PR 10109	PR 10114	PR 10119	PR 10124

10125-10134   POWDER   PCA

Design Code: PC009K.
Builder: Procor, Wakefield, 1983.
Tare Weight: 13.40 t.   **Gross Laden Weight:** 51.00 t.
Maximum Speed: 60 mph.   **Length:** 8255 mm. (27 ft. 1 in.)
Suspension: Gloucester Floating Axle.
Current Hirer: Albright and Wilson.
Usual Workings: Between Whitehaven and West Thurrock.

PR 10125	PR 10127	PR 10129	PR 10131	PR 10133
PR 10126	PR 10128	PR 10130	PR 10132	PR 10134

10300-10344   CEMENT   PCA

Design Code: PC013C.
Builder: Standard Wagon, Heywood, 1983.
Tare Weight: 13.75 t.   **Gross Laden Weight:** 50.95 t.
Maximum Speed: 60 mph.   **Length:** 8740 mm. (28 ft. 8 in.)
Suspension: Gloucester Floating Axle.
Current Hirer: Castle Cement.
Usual Workings: To and from Clitheroe.

RLS 10300	RLS 10309	RLS 10318	RLS 10327	RLS 10336
RLS 10301	RLS 10310	RLS 10319	RLS 10328	RLS 10337
RLS 10302	RLS 10311	RLS 10320	RLS 10329	RLS 10338
RLS 10303	RLS 10312	RLS 10321	RLS 10330	RLS 10339
RLS 10304	RLS 10313	RLS 10322	RLS 10331	RLS 10340
RLS 10305	RLS 10314	RLS 10323	RLS 10332	RLS 10341
RLS 10306	RLS 10315	RLS 10324	RLS 10333	RLS 10342
RLS 10307	RLS 10316	RLS 10325	RLS 10334	RLS 10343
RLS 10308	RLS 10317	RLS 10326	RLS 10335	RLS 10344

10400-10443   CEMENT   PCA
Design Code: PC013B.
Builder: Standard Wagon, Heywood, 1977.
Tare Weight: 13.45 t.   **Gross Laden Weight:** 50.95 t.
Maximum Speed: 60 mph.   **Length:** 8734 mm. (28 ft. 8 in.)
Suspension: BSC Friction Pedestal.
Usual Workings: Between Clitheroe and Middlesbrough.

RBL 10400	RBL 10409	RBL 10418	RBL 10427	RBL 10436
RBL 10401	RBL 10410	RBL 10419	RBL 10428	RBL 10437
RBL 10402	RBL 10411	RBL 10420	RBL 10429	RBL 10438
RBL 10403	RBL 10412	RBL 10421	RBL 10430	RBL 10439
RBL 10404	RBL 10413	RBL 10422	RBL 10431	RBL 10440
RBL 10405	RBL 10414	RBL 10423	RBL 10432	RBL 10441
RBL 10406	RBL 10415	RBL 10424	RBL 10433	RBL 10442
RBL 10407	RBL 10416	RBL 10425	RBL 10434	RBL 10443
RBL 10408	RBL 10417	RBL 10426	RBL 10435	

10500-10521   CEMENT   PCA
Design Code: PC009D.
Builder: BREL, Ashford, 1977.
Tare Weight: 13.20 t.   **Gross Laden Weight:** 51.00 t.
Maximum Speed: 60 mph.   **Length:** 8256 mm. (27 ft. 1 in.)
Suspension: Gloucester Pedestal.
Current Hirer: Castle Cement.
Usual Workings: To and from Ketton.

TRL 10500	TRL 10505	TRL 10510	TRL 10514	TRL 10518
TRL 10501	TRL 10506	TRL 10511	TRL 10515	TRL 10519
TRL 10502	TRL 10507	TRL 10512	TRL 10516	TRL 10520
TRL 10503	TRL 10508	TRL 10513	TRL 10517	TRL 10521
TRL 10504	TRL 10509			

10522-10539   POWDER/CEMENT   PCA
Design Code: PC009F.
Builder: Standard Wagon, Heywood, 1981.
Tare Weight: 13.70 t.   **Gross Laden Weight:** 51.00 t.
Maximum Speed: 60 mph.   **Length:** 8255 mm. (27 ft. 1 in.)
Suspension: BSC Friction Pedestal.
Current Hirer: Albright & Wilson.
Usual Workings: Between Whitehaven and West Thurrock.

TRL 10522	TRL 10526	TRL 10530	TRL 10534	TRL 10537
TRL 10523	TRL 10527	TRL 10531	TRL 10535	TRL 10538
TRL 10524	TRL 10528	TRL 10532	TRL 10536	TRL 10539
TRL 10525	TRL 10529	TRL 10533		

10540-10569   POWDER/CEMENT   PCA
Design Code: PC009J.
Builder: BREL, Shildon, 1983.
Tare Weight: 13.20 t.   **Gross Laden Weight:** 51.00 t.
Maximum Speed: 60 mph.   **Length:** 8255 mm. (27 ft. 1 in.)
Suspension: Gloucester Floating Axle.
Current Hirers: Rockware Glass (10540-67); Albright & Wilson (10568/69).
Usual Workings: (RG) Between Oakleigh and Kirk Sandal. (A & W) Between Whitehaven and West Thurrock.

TRL 10540	TRL 10546	TRL 10552	TRL 10558	TRL 10564	
TRL 10541	TRL 10547	TRL 10553	TRL 10559	TRL 10565	
TRL 10542	TRL 10548	TRL 10554	TRL 10560	TRL 10566	
TRL 10543	TRL 10549	TRL 10555	TRL 10561	TRL 10567	
TRL 10544	TRL 10550	TRL 10556	TRL 10562	TRL 10568	
TRL 10545	TRL 10551	TRL 10557	TRL 10563	TRL 10569	

10600-10651   CEMENT   PCA

Design Code: PC017B.
Builder: C.F.M.F., France, 1982-83.
Tare Weight: 12.85 t.   **Gross Laden Weight:** 50.75 t.
Maximum Speed: 60 mph.   **Length:** 8255 mm. (27 ft. 1 in.)
Suspension: Gloucester Pedestal.
Notes: Currently stored at Selby (38), Westbury (12), Horbury (1) and Peak Forest (1).

STS 10600	STS 10611	STS 10622	STS 10632	STS 10642	
STS 10601	STS 10612	STS 10623	~~STS 10633~~	STS 10643	
STS 10602	STS 10613	STS 10624	STS 10634	STS 10644	
STS 10603	STS 10614	STS 10625	STS 10635	STS 10645	
STS 10604	STS 10615	STS 10626	STS 10636	STS 10646	
STS 10605	STS 10616	STS 10627	STS 10637	STS 10647	
STS 10606	STS 10617	STS 10628	STS 10638	STS 10648	
STS 10607	STS 10618	STS 10629	STS 10639	STS 10649	
STS 10608	STS 10619	STS 10630	STS 10640	STS 10650	
STS 10609	STS 10620	STS 10631	STS 10641	STS 10651	
STS 10610	STS 10621				

10667-10699   CEMENT   PCA

Design Code: PC018B.
Builder: Powell Duffryn, Cardiff, 1984-85.
Tare Weight: 12.85 t.   **Gross Laden Weight:** 50.35 t.
Maximum Speed: 60 mph.   **Length:** 8340 mm. (27 ft. 4 in.)
Suspension: Gloucester Floating Axle.
Usual Workings: To and from Eastgate.

BCC 10667	BCC 10674	BCC 10681	BCC 10688	BCC 10694	
BCC 10668	BCC 10675	BCC 10682	BCC 10689	BCC 10695	
BCC 10669	BCC 10676	BCC 10683	BCC 10690	BCC 10696	
BCC 10670	BCC 10677	BCC 10684	BCC 10691	BCC 10697	
BCC 10671	BCC 10678	BCC 10685	BCC 10692	BCC 10698	
BCC 10672	BCC 10679	BCC 10686	BCC 10693	BCC 10699	
BCC 10673	BCC 10680	BBC 10687			

10700-10737   CEMENT   PCA

Design Code: PC009E.
Builder: BREL, Shildon, 1979-80.
Tare Weight: 13.50 t.   **Gross Laden Weight:** 51.00 t.
Maximum Speed: 60 mph.   **Length:** 8255 mm. (27 ft. 1 in.)
Suspension: Gloucester Floating Axle.
Usual Workings: To and from Eastgate, Hope, Northfleet and Oxwellmains.

APCM 10700	APCM 10708	APCM 10716	APCM 10724	APCM 10731	
APCM 10701	APCM 10709	APCM 10717	APCM 10725	APCM 10732	
APCM 10702	APCM 10710	APCM 10718	APCM 10726	APCM 10733	
APCM 10703	APCM 10711	APCM 10719	APCM 10727	APCM 10734	
APCM 10704	APCM 10712	APCM 10720	APCM 10728	APCM 10735	
APCM 10705	APCM 10713	APCM 10721	APCM 10729	APCM 10736	
APCM 10706	APCM 10714	APCM 10722	APCM 10730	APCM 10737	
APCM 10707	APCM 10715	APCM 10723			

10738-10837   CEMENT   PCA

Design Code: PC009E.
Builder: BREL, Ashford, 1981.
Tare Weight: 13.50 t.   **Gross Laden Weight:** 51.00 t.
Maximum Speed: 60 mph.   **Length:** 8255 mm. (27 ft. 1 in.)
Suspension: Gloucester Floating Axle.
Usual Workings: To and from Eastgate, Hope, Northfleet and Oxwellmains.

BCC 10738	BCC 10758	BCC 10778	BCC 10798	BCC 10818
BCC 10739	BCC 10759	BCC 10779	BCC 10799	BCC 10819
BCC 10740	BCC 10760	BCC 10780	BCC 10800	BCC 10820
BCC 10741	BCC 10761	BCC 10781	BCC 10801	BCC 10821
BCC 10742	BCC 10762	BCC 10782	BCC 10802	BCC 10822
BCC 10743	BCC 10763	BCC 10783	BCC 10803	BCC 10823
BCC 10744	BCC 10764	BCC 10784	BCC 10804	BCC 10824
BCC 10745	BCC 10765	BCC 10785	BCC 10805	BCC 10825
BCC 10746	BCC 10766	BCC 10786	BCC 10806	BCC 10826
BCC 10747	BCC 10767	BCC 10787	BCC 10807	BCC 10827
BCC 10748	BCC 10768	BCC 10788	BCC 10808	BCC 10828
BCC 10749	BCC 10769	BCC 10789	BCC 10809	BCC 10829
BCC 10750	BCC 10770	BCC 10790	BCC 10810	BCC 10830
BCC 10751	BCC 10771	BCC 10791	BCC 10811	BCC 10831
BCC 10752	BCC 10772	BCC 10792	BCC 10812	BCC 10832
BCC 10753	BCC 10773	BCC 10793	BCC 10813	BCC 10833
BCC 10754	BCC 10774	BCC 10794	BCC 10814	BCC 10834
BCC 10755	BCC 10775	BCC 10795	BCC 10815	BCC 10835
BCC 10756	BCC 10776	BCC 10796	BCC 10816	BCC 10836
BCC 10757	BCC 10777	BCC 10797	BCC 10817	BCC 10837

PCA BCC 10850 (Des. Code PC009E) at Hoo Junction 02.02.85   (R. Wallace)

10838-10849　　　　CEMENT　　　　　　　　PCA

Design Code: PC017A.
Builder: C.F.M.F., France, 1980.
Tare Weight: 13.80 t.　　　　　　**Gross Laden Weight:** 51.00 t.
Maximum Speed: 60 mph.　　　　**Length:** 8255 mm. (27 ft. 1 in.)
Suspension: Gloucester Floating Pedestal.
Usual Workings: To and from Eastgate, Northfleet and Oxwellmains.

APCM 10838	BCC 10841	BCC 10844	BCC 10846	BCC 10848
BCC 10839	BCC 10842	BCC 10845	BCC 10847	BCC 10849
BCC 10840	BCC 10843			

10850-10942　　　　CEMENT　　　　　　　　PCA

Design Code: PC009E.
Builder: Procor, Wakefield, 1981-82
Tare Weight: 13.50 t.　　　　　　**Gross Laden Weight:** 51.00 t.
Maximum Speed: 60 mph.　　　　**Length:** 8255 mm. (27 ft. 1 in.)
Suspension: Gloucester Floating Axle.
Usual Workings: To and from Eastgate, Hope, Northfleet and Oxwellmains.

BCC 10850	BCC 10869	BCC 10888	BCC 10907	BCC 10925
BCC 10851	BCC 10870	BCC 10889	BCC 10908	BCC 10926
BCC 10852	BCC 10871	BCC 10890	BCC 10909	BCC 10927
BCC 10853	BCC 10872	BCC 10891	BCC 10910	BCC 10928
BCC 10854	BCC 10873	BCC 10892	BCC 10911	BCC 10929
BCC 10855	BCC 10874	BBC 10893	BCC 10912	BCC 10930
BCC 10856	BCC 10875	BCC 10894	BCC 10913	BCC 10931
BCC 10857	BCC 10876	BCC 10895	BCC 10914	BCC 10932
BCC 10858	BCC 10877	BCC 10896	BCC 10915	BCC 10933
BCC 10859	BCC 10878	BCC 10897	BCC 10916	BCC 10934
BCC 10860	BCC 10879	BCC 10898	BCC 10917	BCC 10935
BCC 10861	BCC 10880	BCC 10899	BCC 10918	BCC 10936
BCC 10862	BCC 10881	BCC 10900	BCC 10919	BCC 10937
BCC 10863	BCC 10882	BCC 10901	BCC 10920	BCC 10938
BCC 10864	BCC 10883	BCC 10902	BCC 10921	BCC 10939
BCC 10865	BCC 10884	BCC 10903	BCC 10922	BCC 10940
BCC 10866	BCC 10885	BCC 10904	BCC 10923	BCC 10941
BCC 10867	BCC 10886	BCC 10905	BCC 10924	BCC 10942
BCC 10868	BCC 10887	BCC 10906		

10943-10986　　　　CEMENT　　　　　　　　PCA

Design Code: PC009H.
Builder: Standard Wagon, Heywood, 1981.
Tare Weight: 13.50 t.　　　　　　**Gross Laden Weight:** 51.00 t.
Maximum Speed: 60 mph.　　　　**Length:** 8255 mm. (27 ft. 1 in.)
Suspension: Gloucester Floating Axle.
Usual Workings: To and from Eastgate, Hope, Northfleet and Oxwellmains.

BCC 10943	BCC 10952	BCC 10961	BCC 10970	BCC 10979
BCC 10944	BCC 10953	BCC 10962	BCC 10971	BCC 10980
BCC 10945	BCC 10954	BCC 10963	BCC 10972	BCC 10981
BCC 10946	BCC 10955	BCC 10964	BCC 10973	BCC 10982
BCC 10947	BCC 10956	BCC 10965	BCC 10974	BCC 10983
BCC 10948	BCC 10957	BCC 10966	BCC 10975	BCC 10984
BCC 10949	BCC 10958	BCC 10967	BCC 10976	BCC 10985
BCC 10950	BCC 10959	BCC 10968	BCC 10977	BCC 10986
BCC 10951	BCC 10960	BCC 10969	BCC 10978	

PCA BCC 11023 (Des. Code PC018B) at Exeter Central 17.06.85 (R. Wallace)

PGA PR 14181 (Des. Code PG013C) at Merehead 09.06.90 (H. P. Searle)

39

10987　　　　　　　　　　CEMENT　　　　　　　　　　PCA

Design Code: PC009E.
Builder: Procor, Wakefield, 1982.
Tare Weight: 13.50 t.　　　　　　　**Gross Laden Weight:** 51.00 t.
Maximum Speed: 60 mph.　　　　　**Length:** 8255 mm. (27 ft. 1 in.)
Suspension: Gloucester Floating Axle.
Usual Workings: To and from Eastgate, Hope, Northfleet and Oxwellmains.

BCC 10987

10988-11141　　　　　　　CEMENT　　　　　　　　　　PCA

Design Code: PC018A, PC018B or PC018D.
Builder: Powell Duffryn, Cardiff, 1984-87.
Tare Weight: 12.85 t.　　　　　　　**Gross Laden Weight:** 50.35 t.
Maximum Speed: 60 mph.　　　　　**Length:** 8340 mm. (27 ft. 4 in.)
Suspension: Gloucester Floating Axle.
Usual Workings: To and from Hope and Westbury.

BCC 10988 a	BCC 11019 b	BCC 11050 b	BCC 11081 b	BCC 11112 b
BCC 10989 b	BCC 11020 b	BCC 11051 b	BCC 11082 b	BCC 11113 b
BCC 10990 b	BCC 11021 b	BCC 11052 b	BCC 11083 b	BCC 11114 b
BCC 10991 b	BCC 11022 b	BCC 11053 b	BCC 11084 d	BCC 11115 b
BCC 10992 b	BCC 11023 b	BCC 11054 b	BCC 11085 b	BCC 11116 b
BCC 10993 b	BCC 11024 b	BCC 11055 b	BCC 11086 b	BCC 11117 b
BCC 10994 b	BCC 11025 b	BCC 11056 b	BCC 11087 b	BCC 11118 b
BCC 10995 b	BCC 11026 b	BCC 11057 b	BCC 11088 b	BCC 11119 b
BCC 10996 b	BCC 11027 b	BCC 11058 b	BCC 11089 b	BCC 11120 b
BCC 10997 b	BCC 11028 b	BCC 11059 b	BCC 11090 b	BCC 11121 b
BCC 10998 b	BCC 11029 b	BCC 11060 b	BCC 11091 b	BCC 11122 b
BCC 10999 b	BCC 11030 b	BCC 11061 b	BCC 11092 b	BCC 11123 b
BCC 11000 b	BCC 11031 b	BCC 11062 b	BCC 11093 b	BCC 11124 b
BCC 11001 b	BCC 11032 b	BCC 11063 b	BCC 11094 b	BCC 11125 b
BCC 11002 b	BCC 11033 b	BCC 11064 b	BCC 11095 b	BCC 11126 b
BCC 11003 b	BCC 11034 b	BCC 11065 b	BCC 11096 b	BCC 11127 b
BCC 11004 b	BCC 11035 b	BCC 11066 b	BCC 11097 b	BCC 11128 b
BCC 11005 b	BCC 11036 b	BCC 11067 b	BCC 11098 b	BCC 11129 b
BCC 11006 b	BCC 11037 b	BCC 11068 b	BCC 11099 b	BCC 11130 b
BCC 11007 b	BCC 11038 b	BCC 11069 b	BCC 11100 b	BCC 11131 b
BCC 11008 b	BCC 11039 b	BCC 11070 b	BCC 11101 b	BCC 11132 b
BCC 11009 b	BCC 11040 b	BCC 11071 b	BCC 11102 b	BCC 11133 b
BCC 11010 b	BCC 11041 b	BCC 11072 b	BCC 11103 b	BCC 11134 b
BCC 11011 b	BCC 11042 b	BCC 11073 b	BCC 11104 b	BCC 11135 b
BCC 11012 b	BCC 11043 b	BCC 11074 b	BCC 11105 b	BCC 11136 b
BCC 11013 b	BCC 11044 b	BCC 11075 b	BCC 11106 b	BCC 11137 b
BCC 11014 b	BCC 11045 b	BCC 11076 b	BCC 11107 b	BCC 11138 b
BCC 11015 b	BCC 11046 b	BCC 11077 b	BCC 11109 b	BCC 11139 b
BCC 11016 b	BCC 11047 b	BCC 11078 b	BCC 11110 b	BCC 11140 b
BCC 11017 b	BCC 11048 b	BCC 11079 b	BCC 11111 b	BCC 11141 b
BCC 11018 b	BCC 11049 b	BCC 11080 b		

11300-11312　　　　BOGIE COVERED HOPPER　　　　JBA

Design Code: JB002A.
Builder: Charles Roberts, Wakefield, 1972.
Tare Weight: 31.00 t.　　　　　　　**Gross Laden Weight:** 102.00 t.
Maximum Speed: 60 mph.　　　　　**Length:** 18288 mm. (60 ft.)
Bogie Type: Gloucester GPS.
Current Hirer: C.P.C.
Usual Workings: To and from Ardwick.

PR 11300	PR 11305	PR 11308	PR 11311	PR 11312
PR 11304	PR 11306	PR 11309		

11401-11434   BOGIE COVERED HOPPER   JAA

Design Code: JA001A or JA001B.
Builder: Charles Roberts, Wakefield, 1974.
Tare Weight: 28.05 t.
Gross Laden Weight: 91.95 t.
Maximum Speed: 60 mph.
Length: 18288 mm. (60 ft.)
Bogie Type: Gloucester Fastfreight.
Current Hirer: Cleveland Potash.
Usual Workings: Between Boulby Mine and Tees Dock.

STS 11401 b	STS 11408 b	STS 11415 a	STS 11422 b	STS 11429 b	
STS 11402 b	STS 11409 b	STS 11416 b	STS 11423 b	STS 11430 b	
STS 11403 b	STS 11410 b	STS 11417 a	STS 11424 b	STS 11431 b	
STS 11404 b	STS 11411 b	STS 11418 b	STS 11425 b	STS 11432 b	
STS 11405 b	STS 11412 b	STS 11419 b	STS 11426 b	STS 11433 b	
STS 11406 b	STS 11413 b	STS 11420 b	STS 11427 b	STS 11434 b	
STS 11407 a	STS 11414 b	STS 11421 b	STS 11428 b		

11600-11634   BOGIE COVERED HOPPER   JAA

Design Code: JA003A.
Builder: Fauvet-Girel, France, 1982.
Tare Weight: 23.20 t.
Gross Laden Weight: 80.00 t.
Maximum Speed: 60 mph.
Length: 18440 mm. (60 ft. 6 in.)
Bogie Type: Sambre et Meuse Y25.
Current Hirer: English China Clay.
Usual Workings: (11601-4/20/21/23/29) To and from Quidhampton; (11605-7/18/19/22) Between Furzebrook and Stoke on Trent; (11608-17/24/25/27/30-34) Between St. Balzey, Exeter and Cliffe Vale; (11600/26/28) Between Goonburrow and Scotland.

TRL 11600	TRL 11607	TRL 11614	TRL 11621	TRL 11628
TRL 11601	TRL 11608	TRL 11615	TRL 11622	TRL 11629
TRL 11602	TRL 11609	TRL 11616	TRL 11623	TRL 11630
TRL 11603	TRL 11610	TRL 11617	TRL 11624	TRL 11631
TRL 11604	TRL 11611	TRL 11618	TRL 11625	TRL 11632
TRL 11605	TRL 11612	TRL 11619	TRL 11626	TRL 11633
TRL 11606	TRL 11613	TRL 11620	TRL 11627	TRL 11634

11800-11815   BOGIE HOPPER   JAA/JGA

Design Code: JA004A, JA004B or JG011A*.
Builder: Standard Wagon, Heywood, 1982.
Tare Weight: 22.20 t.
Gross Laden Weight: 90.00 t.
Maximum Speed: 60 mph.
Length: 14462 mm. (47 ft. 5 in.)
Bogie Type: Sambre et Meuse Y25.
Notes: All currently stored.

RLS 11800 *	RLS 11804 b	RLS 11807 *	RLS 11810 b	RLS 11813 *
RLS 11801 *	RLS 11805 *	RLS 11808 a	RLS 11811 b	RLS 11814 a
RLS 11802 *	RLS 11806 b	RLS 11809 b	RLS 11812 *	RLS 11815 *
RLS 11803 a				

12017-12035   COVERED HOPPER   PAO

Design Code: PA006A.
Builder: BREL, Ashford, 1971.
Tare Weight: 13.10 t.
Gross Laden Weight: 45.30 t.
Maximum Speed: 45 mph.
Length: 9144 mm. (30 ft.)
Suspension: BR Friction Link.
Usual Workings: Between Blyth and Lynemouth.

ALCN 12017	ALCN 12021	ALCN 12025	ALCN 12029	ALCN 12033
ALCN 12018	ALCN 12022	ALCN 12026	ALCN 12030	ALCN 12034
ALCN 12019	ALCN 12023	ALCN 12027	ALCN 12031	ALCN 12035
ALCN 12020	ALCN 12024	ALCN 12028	ALCN 12032	

12100-12116   COVERED HOPPER   PAB

Design Code: PA007A.
Builder: Standard Wagon, Heywood, 1971.
Tare Weight: 13.20 t.   **Gross Laden Weight:** 46.00 t.
Maximum Speed: 60 mph.   **Length:** 10058 mm. (33 ft.)
Suspension: Gloucester Friction Pedestal.
Current Hirer: Anglesey Aluminium.
Usual Workings: Between Stanley and Immingham.

BRT 12100	BRT 12104	BRT 12108	BRT 12111	BRT 12114
BRT 12101	BRT 12105	BRT 12109	BRT 12112	BRT 12115
BRT 12102	BRT 12106	BRT 12110	BRT 12113	BRT 12116
BRT 12103	BRT 12107			

12300   COVERED HOPPER   PAA

Design Code: PA014A.
Builder: C.C. Crump, Connahs Quay, 1989.
Tare Weight: 13.50 t.   **Gross Laden Weight:** 51.00 t.
Maximum Speed: 60 mph.   **Length:** 7920 mm. (26 ft.)
Suspension: Gloucester Floating Axle.
Notes: Built using former PGA (former number in brackets).
Current Hirer: Tullis Russell.
Usual Workings: Between Marsh Mills and Drinnick Mill.

TRL 12300   (DAVS 14433)

12800-12807   COVERED HOPPER   PAA

Design Code: PA010A.
Builder: Standard Wagon, Heywood, 1982.
Tare Weight: 13.50 t.   **Gross Laden Weight:** 51.00 t.
Maximum Speed: 60 mph.   **Length:** 7925 mm. (26 ft.)
Suspension: Gloucester Floating Axle.
Current Hirer: Tullis Russell.
Usual Workings: Between Marsh Mills and Drinnick Mill.

TRL 12800	TRL 12802	TRL 12804	TRL 12806	TRL 12807
TRL 12801	TRL 12803	TRL 12805		

13500-13524   BOGIE HOPPER   JAA

Design Code: JA005A.
Builder: Cadoux, Paris, France, 1983.
Tare Weight: 21.30 t.   **Gross Laden Weight:** 88.00 t.
Maximum Speed: 60 mph.   **Length:** 15142 mm. (49 ft. 8 in.)
Bogie Type: Sambre et Meuse Y25.
Notes: Converted from covered hopper by removal of the roof.
Current Hirer: Tiger Rail (13504/17/24); Mineral Haul (others).
Usual Workings: (TR) Between Drinnick Mill and Mossend; (MH) To and from Fen Drayton.

TRL 13500	TRL 13505	TRL 13510	TRL 13515	TRL 13520
TRL 13501	TRL 13506	TRL 13511	TRL 13516	TRL 13521
TRL 13502	TRL 13507	TRL 13512	TRL 13517	TRL 13522
TRL 13503	TRL 13508	TRL 13513	TRL 13518	TRL 13523
TRL 13504	TRL 13509	TRL 13514	TRL 13519	TRL 13524

PGA REDA 14507 (Des. Code PG013G) at Whitemoor Yard 09.89 (A. Marshall)

PGA BRT 14627 (Des. Code PG005A) at Warrington Yard 10.87 (A. Marshall)

13700-13712　　　BOGIE HOPPER　　　JGA
Design Code: JG009A.
Builder: Standard Wagon, Heywood, 1984.
Tare Weight: 21.75 t.　　　**Gross Laden Weight:** 87.95 t.
Maximum Speed: 60 mph.　　　**Length:** 14235 mm. (46 ft. 8 in.)
Bogie Type: Sambre et Meuse Y25.
Usual Workings: Between Newhaven, Crawley and Tolworth.

HALL 13700	HALL 13703	HALL 13706	HALL 13709	HALL 13711
HALL 13701	HALL 13704	HALL 13707	HALL 13710	HALL 13712
HALL 13702	HALL 13705	HALL 13708		

14000-14024　　　HOPPER　　　PGA
Design Code: PG006A.
Builder: Charles Roberts, Wakefield, 1972.
Tare Weight: 12.70 t.　　　**Gross Laden Weight:** 51.00 t.
Maximum Speed: 60 mph.　　　**Length:** 7924 mm. (26 ft.)
Suspension: BSC Friction Pedestal.
Current Hirers: 14009/21 are currently stored; ARC (14010/20/23); Foster Yeoman (others).
Usual Workings: (ARC) To and from Whatley; (FY) To and from Merehead and Isle of Grain.

PR 14000	PR 14005	PR 14010	PR 14015	PR 14020	
PR 14001	PR 14006	PR 14011	PR 14016	PR 14021	
PR 14002	PR 14007	PR 14012	PR 14017	PR 14022	
PR 14003	PR 14008	PR 14013	PR 14018	PR 14023	
PR 14004	PR 14009	PR 14014	PR 14019	PR 14024	

14025-14095　　　HOPPER　　　PGA
Design Code: PG006B.
Builder: Standard Wagon, Heywood, 1973-74.
Tare Weight: 12.70 t.　　　**Gross Laden Weight:** 51.00 t.
Maximum Speed: 60 mph.　　　**Length:** 7924 mm. (26 ft.)
Suspension: BSC Friction Pedestal.
Current Hirers: 14028/30/34/64/75/76/94 are currently stored; ARC (14032/43/60); Foster Yeoman (others).
Usual Workings: (ARC) To and from Whatley; (FY) Between Merehead and Angerstein Wharf/Sevington and also between Isle of Grain and Sevington/Theale.

PR 14025	PR 14040	PR 14054	PR 14068	PR 14082	
PR 14026	PR 14041	PR 14055	PR 14069	PR 14083	
PR 14027	PR 14042	PR 14056	PR 14070	PR 14084	
PR 14028	PR 14043	PR 14057	PR 14071	PR 14085	
PR 14029	PR 14044	PR 14058	PR 14072	PR 14086	
PR 14030	PR 14045	PR 14059	PR 14073	PR 14087	
PR 14031	PR 14046	PR 14060	PR 14074	PR 14088	
PR 14032	PR 14047	PR 14061	PR 14075	PR 14089	
PR 14033	PR 14048	PR 14062	PR 14076	PR 14090	
PR 14034	PR 14049	PR 14063	PR 14077	PR 14091	
PR 14035	PR 14050	PR 14064	PR 14078	PR 14092	
PR 14036	PR 14051	PR 14065	PR 14079	PR 14093	
PR 14037	PR 14052	PR 14066	PR 14080	PR 14094	
PR 14038	PR 14053	PR 14067	PR 14081	PR 14095	
PR 14039					

14096-14151　　　HOPPER　　　PGA
Design Code: PG006A.
Builder: Charles Roberts, Wakefield, 1975.
Tare Weight: 12.70 t.　　　**Gross Laden Weight:** 51.00 t.

Maximum Speed: 60 mph. **Length:** 7924 mm. (26 ft.)
Suspension: BSC Friction Pedestal.
Current Hirers: Foster Yeoman (14129-32/49-51); ARC (14097-99); Currently stored (others).
Usual Workings: (FY) Between Merehead and Angerstein Wharf/Sevington and also between Isle of Grain and Sevington/Theale; (ARC) To and from Whatley.

PR 14096	PR 14108	PR 14119	PR 14130	PR 14141
PR 14097	PR 14109	PR 14120	PR 14131	PR 14142
PR 14098	PR 14110	PR 14121	PR 14132	PR 14143
PR 14099	PR 14111	PR 14122	PR 14133	PR 14144
PR 14100	PR 14112	PR 14123	PR 14134	PR 14145
PR 14101	PR 14113	PR 14124	PR 14135	PR 14146
PR 14102	PR 14114	PR 14125	PR 14136	PR 14147
PR 14103	PR 14115	PR 14126	PR 14137	PR 14148
PR 14104	PR 14116	PR 14127	PR 14138	PR 14149
PR 14105	PR 14117	PR 14128	PR 14139	PR 14150
PR 14106	PR 14118	PR 14129	PR 14140	PR 14151
PR 14107				

14152-14155 COVERED HOPPER PBA

Design Code: PB009A.
Builder: Procor, Wakefield, 1975.
Tare Weight: 16.00 t. **Gross Laden Weight:** 51.00 t.
Maximum Speed: 60 mph. **Length:** 10190 mm. (33 ft. 5 in.)
Suspension: BSC Friction Pedestal.
Notes: All currently stored at Tees Yard.

PR 14152   PR 14153   PR 14154   PR 14155

14156-14175 COVERED HOPPER PAA

Design Code: PA009B.
Builder: Procor, Wakefield, 1975.
Tare Weight: 16.00 t. **Gross Laden Weight:** 51.00 t.
Maximum Speed: 60 mph. **Length:** 10190 mm. (33 ft. 5 in.)
Suspension: BSC Friction Pedestal.
Notes: Originally owned by Procor. Later sold to ICI Agricultural Division and subsequently to Cleveland Potash.
Usual Workings: Between Boulby Mine and Tees Dock.

CPL 14156	CPL 14160	CPL 14164	CPL 14168	CPL 14172
CPL 14157	CPL 14161	CPL 14165	CPL 14169	CPL 14173
CPL 14158	CPL 14162	CPL 14166	CPL 14170	CPL 14174
CPL 14159	CPL 14163	CPL 14167	CPL 14171	CPL 14175

14176-14197 HOPPER PGA

Design Code: PG013C.
Builder: Procor, Wakefield, 1979.
Tare Weight: 13.10 t. **Gross Laden Weight:** 51.00 t.
Maximum Speed: 60 mph. **Length:** 7920 mm. (26 ft.)
Suspension: BSC Friction Pedestal.
Notes: Previously owned by Procor. The FY prefixes may not yet be carried.
Usual Workings: Between Merehead and Angerstein Wharf/Sevington and also between Isle of Grain and Sevington/Theale.

FY 14176	FY 14181	FY 14186	FY 14190	FY 14194
FY 14177	FY 14182	FY 14187	FY 14191	FY 14195
FY 14178	FY 14183	FY 14188	FY 14192	FY 14196
FY 14179	FY 14184	FY 14189	FY 14193	FY 14197
FY 14180	FY 14185			

14201-14224　　　　　HOPPER　　　　　　　　　　　PGA

Design Code: PG003A.
Builder: Charles Roberts, Wakefield, 1972.
Tare Weight: 12.70 t.　　　　　　　　**Gross Laden Weight:** 51.00 t.
Maximum Speed: 60 mph.　　　　　　**Length:** 7920 mm. (26 ft.)
Suspension: BSC Friction Pedestal.
Current Hirer: ARC.
Usual Workings: To and from Whatley and Loughborough.
Notes: Originally owned by ARC, but now hired by that company.

PR 14201	PR 14206	PR 14211	~~PR 14216~~	PR 14221
~~PR 14202~~	PR 14207	PR 14212	~~PR 14217~~	PR 14222
PR 14203	~~PR 14208~~	PR 14213	PR 14218	PR 14223
PR 14204	PR 14209	PR 14214	PR 14219	PR 14224
~~PR 14205~~	PR 14210	PR 14215	PR 14220	

14225-14264　　　　　HOPPER　　　　　　　　　　　PGA

Design Code: PG004A.
Builder: Charles Roberts, Wakefield, 1974.
Tare Weight: 12.70 t.　　　　　　　　**Gross Laden Weight:** 51.00 t.
Maximum Speed: 60 mph.　　　　　　**Length:** 7925 mm. (26 ft.)
Suspension: BSC Friction Pedestal.
Current Hirer: ARC.
Usual Workings: To and from Whatley and Loughborough.
Notes: Originally owned by ARC, but now hired by that company.

AR 14225	AR 14233	AR 14241	AR 14249	AR 14257
AR 14226	AR 14234	AR 14242	AR 14250	AR 14258
AR 14227	AR 14235	AR 14243	AR 14251	AR 14259
AR 14228	AR 14236	AR 14244	AR 14252	AR 14260
AR 14229	AR 14237	AR 14245	AR 14253	AR 14261
AR 14230	AR 14238	AR 14246	AR 14254	AR 14262
AR 14231	AR 14239	AR 14247	AR 14255	AR 14263
AR 14232	AR 14240	AR 14248	AR 14256	AR 14264

14265-14319　　　　　HOPPER　　　　　　　　　　　PGA

Design Code: PG013D.
Builder: Procor, Wakefield, 1979.
Tare Weight: 12.90 t.　　　　　　　　**Gross Laden Weight:** 51.00 t.
Maximum Speed: 60 mph.　　　　　　**Length:** 7920 mm. (26 ft.)
Suspension: BSC Friction Pedestal.
Current Hirer: ARC.
Usual Workings: To and from Whatley and Loughborough.

PR 14265	PR 14276	PR 14287	PR 14298	PR 14309
~~PR 14266~~	PR 14277	PR 14288	PR 14299	PR 14310
PR 14267	PR 14278	PR 14289	PR 14300	PR 14311
PR 14268	PR 14279	PR 14290	PR 14301	PR 14312
PR 14269	PR 14280	PR 14291	PR 14302	PR 14313
PR 14270	~~PR 14281~~	PR 14292	PR 14303	PR 14314
PR 14271	PR 14282	PR 14293	PR 14304	PR 14315
PR 14272	PR 14283	PR 14294	PR 14305	PR 14316
PR 14273	PR 14284	PR 14295	PR 14306	~~PR 14317~~
PR 14274	~~PR 14285~~	PR 14296	PR 14307	PR 14318
PR 14275	PR 14286	PR 14297	PR 14308	PR 14319

14320-14323 HOPPER PGA

Design Code: PG015A.
Builder: Procor, Wakefield, 1979.
Tare Weight: 13.10 t.
Maximum Speed: 60 mph.
Gross Laden Weight: 51.00 t.
Length: 7925 mm. (26 ft.)
Suspension: Gloucester Floating Axle.
Current Hirer: ARC (14320); Foster Yeoman (others).
Usual Workings: (ARC) To and from Whatley; (FY) Between Merehead and Angerstein Wharf/Sevington and also between Isle of Grain and Sevington/Theale.

PR 14320	PR 14321	PR 14322	PR 14323

14324-14332 HOPPER PGA

Design Code: PG016B.
Builder: Procor, Wakefield, 1979.
Tare Weight: 12.70 t.
Maximum Speed: 60 mph.
Gross Laden Weight: 51.00 t.
Length: 7925 mm. (26 ft.)
Suspension: Gloucester Floating Axle.
Current Hirer: ARC.
Usual Workings: To and from Whatley.

PR 14324	~~PR 14326~~	PR 14328	PR 14331	PR 14332
PR 14325	PR 14327	PR 14330		

14333-14388 HOPPER PGA

Design Code: PG013E.
Builder: Procor, Wakefield, 1980.
Tare Weight: 13.10 t.
Maximum Speed: 60 mph.
Gross Laden Weight: 51.00 t.
Length: 7920 mm. (26 ft.)
Suspension: Gloucester Floating Axle.
Current Hirer: Foster Yeoman (14333-35/37-41/82-88); ARC (14336/42-45); ECC (14346-81).
Current Workings: (FY) Between Merehead and Angerstein Wharf/Sevington and also between Isle of Grain and Sevington/Theale; (ARC) To and from Whatley; (ECC) Between Croft and Brentford.

PR 14333	PR 14345	PR 14356	PR 14367	PR 14378
PR 14334	PR 14346	PR 14357	PR 14368	PR 14379
PR 14335	PR 14347	PR 14358	PR 14369	PR 14380
PR 14336	PR 14348	PR 14359	PR 14370	PR 14381
PR 14337	PR 14349	PR 14360	PR 14371	PR 14382
PR 14338	PR 14350	PR 14361	PR 14372	PR 14383
PR 14339	PR 14351	PR 14362	PR 14373	PR 14384
PR 14340	PR 14352	PR 14363	PR 14374	PR 14385
PR 14341	PR 14353	PR 14364	PR 14375	PR 14386
PR 14342	PR 14354	PR 14365	PR 14376	PR 14387
PR 14343	PR 14355	PR 14366	PR 14377	PR 14388
PR 14344				

14400-14432 HOPPER PGA

Design Code: PG008A.
Builder: BREL, Shildon 1973.
Tare Weight: 12.70 t.
Maximum Speed: 60 mph.
Gross Laden Weight: 51.00 t.
Length: 7924 mm. (26 ft.)
Suspension: BSC Friction Pedestal.
Current Hirer: Tilcon.
Usual Workings: Between Grassington, Leeds and Hull.
Notes: Originally owned by Tilcon.

TCS 14400	TCS 14407	TCS 14414	TCS 14421	TCS 14427
TCS 14401	TCS 14408	TCS 14415	TCS 14422	TCS 14428
TCS 14402	TCS 14409	TCS 14416	TCS 14423	TCS 14429
TCS 14403	TCS 14410	TCS 14417	TCS 14424	TCS 14430
TCS 14404	TCS 14411	TCS 14418	TCS 14425	TCS 14431
TCS 14405	TCS 14412	TCS 14419	TCS 14426	TCS 14432
TCS 14406	TCS 14413	TCS 14420		

14434-14466   HOPPER   PGA

Design Code: PG013E.
Builder: Procor, Wakefield, 1981.
Tare Weight: 13.10 t.   **Gross Laden Weight:** 51.00 t.
Maximum Speed: 60 mph.   **Length:** 7920 mm. (26 ft.)
Suspension: Gloucester Floating Axle.
Current Hirers: 14464 is currently stored; ARC (14440/49/65); Foster Yeoman (others).
Usual Workings: (ARC) To and from Whatley; (FY) Between Merehead and Angerstein Wharf/Sevington and also between Isle of Grain and Sevington/Theale.

PR 14434	PR 14441	PR 14448	PR 14455	PR 14461
PR 14435	PR 14442	PR 14449	PR 14456	PR 14462
PR 14436	PR 14443	PR 14450	PR 14457	PR 14463
PR 14437	PR 14444	PR 14451	PR 14458	PR 14464
PR 14438	PR 14445	PR 14452	PR 14459	PR 14465
PR 14439	PR 14446	PR 14453	PR 14460	PR 14466
PR 14440	PR 14447	PR 14454		

14500-14522   HOPPER   PGA

Design Code: PG013G.
Builder: Procor, Wakefield, 1980.
Tare Weight: 12.45 t.   **Gross Laden Weight:** 50.95 t.
Maximum Speed: 60 mph.   **Length:** 7925 mm. (26 ft.)
Suspension: Gloucester Floating Axle.
Notes: Originally owned by Tilbury Roadstones and prefixed TBR.
Usual Workings: Between Mountsorrel and Radlett, Trowse, Barham, Kennett, Tallington and Elstow.

REDA 14500	REDA 14505	REDA 14510	REDA 14515	REDA 14519
REDA 14501	REDA 14506	REDA 14511	REDA 14516	REDA 14520
REDA 14502	REDA 14507	REDA 14512	REDA 14517	REDA 14521
REDA 14503	REDA 14508	REDA 14513	REDA 14518	REDA 14522
REDA 14504	REDA 14509	REDA 14514		

14600-14654   HOPPER   PGA

Design Code: PG005A or PG005B.
Builder: Standard Wagon, Heywood, 1974.
Tare Weight: 12.45 t.   **Gross Laden Weight:** 50.95 t.
Maximum Speed: 60 mph.   **Length:** 7925 mm. (26 ft.)
Suspension: BSC Primary Coil.
Notes: All currently stored at either Ely or Peak Forest.

BRT 14600 a	BRT 14611 a	BRT 14622 a	BRT 14633 b	BRT 14644 b
BRT 14601 a	BRT 14612 a	BRT 14623 a	BRT 14634 b	BRT 14645 b
BRT 14602 a	BRT 14613 a	BRT 14624 a	BRT 14635 b	BRT 14646 b
BRT 14603 a	BRT 14614 a	BRT 14625 a	BRT 14636 b	BRT 14647 b
BRT 14604 a	BRT 14615 a	BRT 14626 a	BRT 14637 b	BRT 14648 b
BRT 14605 a	BRT 14616 a	BRT 14627 a	BRT 14638 b	BRT 14649 b
BRT 14606 a	BRT 14617 a	BRT 14628 b	BRT 14639 b	BRT 14650 b
BRT 14607 a	BRT 14618 a	BRT 14629 b	BRT 14640 b	BRT 14651 b
BRT 14608 a	BRT 14619 a	BRT 14630 b	BRT 14641 b	BRT 14652 b
BRT 14609 a	BRT 14620 a	BRT 14631 b	BRT 14642 b	BRT 14653 b
BRT 14610 a	BRT 14621 a	BRT 14632 b	BRT 14643 b	BRT 14654 b

PGA RLS 14705 (Des. Code PG011A) at Topley Pike 18.04.86 (R. Wallace)

PHA REDA 16103 (Des. Code PH021A) at Whitemoor Yard 28.01.89 (R. Wallace)

14655-14687   HOPPER   PGA

Design Code: PG006E.
Builder: Standard Wagon, Heywood, 1974-75.
Tare Weight: 12.20 t.   **Gross Laden Weight:** 51.00 t.
Maximum Speed: 60 mph.   **Length:** 7924 mm. (26 ft.)
Suspension: BSC Friction Pedestal.
Notes: Work between Whatley or Stud Farm and Hayes.

TAMC 14655	TAMC 14662	TAMC 14669	TAMC 14676	TAMC 14682
TAMC 14656	TAMC 14663	TAMC 14670	TAMC 14677	TAMC 14683
TAMC 14657	TAMC 14664	TAMC 14671	TAMC 14678	TAMC 14684
TAMC 14658	TAMC 14665	TAMC 14672	TAMC 14679	TAMC 14685
TAMC 14659	TAMC 14666	TAMC 14673	TAMC 14680	TAMC 14686
TAMC 14660	TAMC 14667	TAMC 14674	TAMC 14681	TAMC 14687
TAMC 14661	TAMC 14668	TAMC 14675		

14688-14704   HOPPER   PGA

Design Code: PG006B.
Builder: Standard Wagon, Heywood, 1975.
Tare Weight: 12.70 t.   **Gross Laden Weight:** 51.00 t.
Maximum Speed: 60 mph.   **Length:** 7924 mm. (26 ft.)
Suspension: BSC Friction Pedestal.
Notes: All currently stored at Taunton.

PR 14688	PR 14692	PR 14696	PR 14699	PR 14702
PR 14689	PR 14693	PR 14697	PR 14700	PR 14703
PR 14690	PR 14694	PR 14698	PR 14701	PR 14704
PR 14691	PR 14695			

14705   HOPPER   PGA

Design Code: PG011A.
Builder: Standard Wagon, Heywood, 1979.
Tare Weight: 12.60 t.   **Gross Laden Weight:** 51.00 t.
Maximum Speed: 60 mph.   **Length:** 7620 mm. (25 ft.)
Suspension: Gloucester Floating Axle.
Notes: Currently stored at Tinsley.

RLS 14705

14706-14749   HOPPER   PGA

Design Code: PG013A or PG013B.
Builder: Procor, Wakefield, 1978-79.
Tare Weight: 12.70 t.   **Gross Laden Weight:** 51.00 t.
Maximum Speed: 60 mph.   **Length:** 7920 mm. (26 ft.)
Suspension: BSC Friction Pedestal.
Current Hirer: 14706/08/16/17 are currently stored; ARC (others).
Usual Workings: To and from Whatley.

PR 14706 a	PR 14715 a	PR 14724 b	PR 14733 b	PR 14742 b
PR 14707 a	PR 14716 a	PR 14725 b	~~PR 14734 b~~	PR 14743 b
PR 14708 a	PR 14717 a	PR 14726 b	PR 14735 b	PR 14744 b
PR 14709 a	PR 14718 a	PR 14727 b	PR 14736 b	PR 14745 b
PR 14710 a	PR 14719 a	PR 14728 b	PR 14737 b	PR 14746 b
PR 14711 a	PR 14720 a	PR 14729 b	PR 14738 b	PR 14747 b
PR 14712 a	PR 14721 b	PR 14730 b	PR 14739 b	PR 14748 b
PR 14713 a	PR 14722 b	PR 14731 b	PR 14740 b	PR 14749 b
PR 14714 a	PR 14723 b	~~PR 14732 b~~	PR 14741 b	

14750-14780 HOPPER PGA

Design Code: PG012A.
Builder: Standard Wagon, Heywood, 1978-80.
Tare Weight: 12.50 t. **Gross Laden Weight:** 51.00 t.
Maximum Speed: 60 mph. **Length:** 7923 mm. (26 ft.)
Suspension: Gloucester Floating Axle.
Usual Workings: Between Mountsorrel and Radlett, Trowse, Barham, Kennett, Tallington and Elstow.

REDA 14750	REDA 14757	REDA 14763	REDA 14769	REDA 14775
REDA 14751	REDA 14758	REDA 14764	REDA 14770	REDA 14776
REDA 14752	REDA 14759	REDA 14765	REDA 14771	REDA 14777
REDA 14753	REDA 14760	REDA 14766	REDA 14772	REDA 14778
REDA 14754	REDA 14761	REDA 14767	REDA 14773	REDA 14779
REDA 14755	REDA 14762	REDA 14768	REDA 14774	REDA 14780
REDA 14756				

14781-14786 HOPPER PGA

Design Code: PG009B.
Builder: Procor, Wakefield, 1984.
Tare Weight: 12.90 t. **Gross Laden Weight:** 51.00 t.
Maximum Speed: 60 mph. **Length:** 7920 mm. (26 ft.)
Suspension: Gloucester Floating Axle.
Usual Workings: Between Mountsorrel and Radlett, Trowse, Barham, Kennett, Tallington and Elstow.

REDA 14781	REDA 14783	REDA 14784	REDA 14785	REDA 14786
REDA 14782				

14789-14799 HOPPER PGA

Design Code: PG012A.
Builder: Standard Wagon, Heywood, 1985-86.
Tare Weight: 12.50 t. **Gross Laden Weight:** 51.00 t.
Maximum Speed: 60 mph. **Length:** 7923 mm. (26 ft.)
Suspension: Gloucester Floating Axle.
Usual Workings: Between Mountsorrel and Radlett, Trowse, Barham, Kennett, Tallington and Elstow.

REDA 14789	REDA 14792	REDA 14794	REDA 14796	REDA 14798
REDA 14790	REDA 14793	REDA 14795	REDA 14797	REDA 14799
REDA 14791				

14800-14839 HOPPER PGA

Design Code: PG012A.
Builder: Standard Wagon, Heywood, 1978.
Tare Weight: 12.50 t. **Gross Laden Weight:** 51.00 t.
Maximum Speed: 60 mph. **Length:** 7923 mm. (26 ft.)
Suspension: Gloucester Floating Axle.
Usual Workings: Between Mountsorrel and Radlett, Trowse, Barham, Kennett, Tallington and Elstow.

REDA 14800	REDA 14808	REDA 14816	REDA 14824	REDA 14832
REDA 14801	REDA 14809	REDA 14817	REDA 14825	REDA 14833
REDA 14802	REDA 14810	REDA 14818	REDA 14826	REDA 14834
REDA 14803	REDA 14811	REDA 14819	REDA 14827	REDA 14835
REDA 14804	REDA 14812	REDA 14820	REDA 14828	REDA 14836
REDA 14805	REDA 14813	REDA 14821	REDA 14829	REDA 14837
REDA 14806	REDA 14814	REDA 14822	REDA 14830	REDA 14838
REDA 14807	REDA 14815	REDA 14823	REDA 14831	REDA 14839

14840-14870   HOPPER   PGA

Design Code: PG016A or PG016C.
Builder: Procor, Wakefield, 1979-80.
Tare Weight: 12.70 t.   **Gross Laden Weight:** 51.00 t.
Maximum Speed: 60 mph.   **Length:** 7925 mm. (26 ft.)
Suspension: Gloucester Floating Axle.
Usual Workings: Between Whatley or Stud Farm and Hayes.

TAMC 14840 a	TAMC 14847 a	TAMC 14853 a	TAMC 14859 a	TAMC 14865 a
TAMC 14841 a	TAMC 14848 a	TAMC 14854 a	TAMC 14860 a	TAMC 14866 a
TAMC 14842 a	TAMC 14849 a	TAMC 14855 a	TAMC 14861 a	TAMC 14867 a
TAMC 14843 a	TAMC 14850 a	TAMC 14856 a	TAMC 14862 a	TAMC 14868 a
TAMC 14844 a	TAMC 14851 a	TAMC 14857 a	TAMC 14863 a	TAMC 14869 a
TAMC 14845 a	TAMC 14852 a	TAMC 14858 a	TAMC 14864 a	TAMC 14870 c
TAMC 14846 a				

14900-14921   HOPPER   PGA

Design Code: PG011B.
Builder: Standard Wagon, Heywood, 1979-80.
Tare Weight: 12.20 t.   **Gross Laden Weight:** 51.00 t.
Maximum Speed: 60 mph.   **Length:** 7620 mm. (25 ft.)
Suspension: Gloucester Pedestal.
Notes: Originally owned by Standard Wagon.
Usual Workings: All currently stored at Peak Forest.

TAMC 14900	TAMC 14905	TAMC 14910	TAMC 14914	TAMC 14918
TAMC 14901	TAMC 14906	TAMC 14911	TAMC 14915	TAMC 14919
TAMC 14902	TAMC 14907	TAMC 14912	TAMC 14916	TAMC 14920
TAMC 14903	TAMC 14908	TAMC 14913	TAMC 14917	TAMC 14921
TAMC 14904	TAMC 14909	TAMC 14914		

16000-16309, 92545/6, 92635   SELF DISCHARGE TRAIN SETS

The concept of this system is to be able to unload materials from rail wagons without the need for special discharge facilities. Each set of wagons has a continuous conveyor belt running the length of the train beneath the clam shell door mechanism and each outer vehicle features an extendable belt to enable multiple sets of wagons to be coupled together. Within each set bar couplings are used, standard drawgear only being fitted to outer wagons. The material being unloaded is passed along the conveyor belt and into a small skip. From the skip, the ballast is fed into a further conveyor belt mounted on a swing boom, enabling the material to be positioned where required. Locations currently served by SDT sets are Banbury, Broxbourne, Cambridge, Chelmsford, Colchester, Cricklewood and Stevenage.

Wagons are usually operated in three rakes of 40 vehicles plus one discharge vehicle. The rakes are formed as follows:

SDT Mark 1:
Four ten vehicle sets of PH020A + 8 x PH019A + PH021G.

SDT Mark 2:
Six ten vehicle sets of PG021B + 3 x PG019B + PG022A + 4 x PG019B + PG021B.
Four five vehicle sets of PG021B + PG019B + PG022A + PG019B + PG021B.

16000-16031   SDT INNER Mk.I   PHA

Design Code: PH019A.
Builder: Standard Wagon, Heywood, 1988.
Tare Weight: 12.70 t.   **Gross Laden Weight:** 51.00 t.
Maximum Speed: 60 mph.   **Length:** 7925 mm. (26 ft.)
Suspension: Gloucester Pedestal.

REDA 16000	REDA 16007	REDA 16014	REDA 16020	REDA 16026	
REDA 16001	REDA 16008	REDA 16015	REDA 16021	REDA 16027	
REDA 16002	REDA 16009	REDA 16016	REDA 16022	REDA 16028	
REDA 16003	REDA 16010	REDA 16017	REDA 16023	REDA 16029	
REDA 16004	REDA 16011	REDA 16018	REDA 16024	REDA 16030	
REDA 16005	REDA 16012	REDA 16019	REDA 16025	REDA 16031	
REDA 16006	REDA 16013				

16032-16056   SDT INNER Mk.II   PHA

Design Code: PH019B.
Builder: Standard Wagon, Heywood, 1989.
Tare Weight: 12.70 t.   **Gross Laden Weight:** 51.00 t.
Maximum Speed: 60 mph.   **Length:** 7906 mm. (25 ft. 11 in.)
Suspension: Gloucester Pedestal.

REDA 16032	REDA 16037	REDA 16042	REDA 16047	REDA 16052
REDA 16033	REDA 16038	REDA 16043	REDA 16048	REDA 16053
REDA 16034	REDA 16039	REDA 16044	REDA 16049	REDA 16054
REDA 16035	REDA 16040	REDA 16045	REDA 16050	REDA 16055
REDA 16036	REDA 16041	REDA 16046	REDA 16051	REDA 16056

16057-16081   SDT INNER Mk.II   PHA

Design Code: PH019B.
Builder: Powell Duffryn Standard, Heywood, 1989.
Tare Weight: 13.35 t.   **Gross Laden Weight:** 51.00 t.
Maximum Speed: 60 mph.   **Length:** 8968 mm. (29 ft. 5 in.)
Suspension: Gloucester Pedestal.

REDA 16057	REDA 16062	REDA 16067	REDA 16072	REDA 16077
REDA 16058	REDA 16063	REDA 16068	REDA 16073	REDA 16078
REDA 16059	REDA 16064	REDA 16069	REDA 16074	REDA 16079
REDA 16060	REDA 16065	REDA 16070	REDA 16075	REDA 16080
REDA 16061	REDA 16066	REDA 16071	REDA 16076	REDA 16081

16100-16103   SDT OUTER Mk.I   PHA

Design Code: PH021A.
Builder: Standard Wagon, Heywood, 1988.
Tare Weight: 16.35 t.   **Gross Laden Weight:** 50.95 t.
Maximum Speed: 60 mph.   **Length:** 9570 mm. (31 ft. 5 in.)
Suspension: Gloucester Pedestal.
Notes: Fitted with Lister Petter HL4008 diesel engine to power conveyor belt and hydraulic system.

REDA 16100	REDA 16101	REDA 16102	REDA 16103

16200-16203   SDT OUTER Mk.I   PHA

Design Code: PH021A.
Builder: Standard Wagon, Heywood, 1988.
Tare Weight: 14.85 t.   **Gross Laden Weight:** 50.95 t.
Maximum Speed: 60 mph.   **Length:** 8728 mm. (28 ft. 8 in.)
Suspension: Gloucester Pedestal.
Notes: Fitted with Lister Petter HL4008 diesel engine to power conveyor belt and hydraulic system.

REDA 16200	REDA 16201	REDA 16202	REDA 16203

16204-16213   SDT OUTER Mk.II   PHA

Design Code: PH021B.
Builder: Standard Wagon, Heywood, 1989.
Tare Weight: 14.85 t.   **Gross Laden Weight:** 50.95 t.
Maximum Speed: 60 mph.   **Length:** 8360 mm. (27 ft. 5 in.)
Suspension: Gloucester Pedestal.
Notes: Fitted with Lister Petter HL4008 diesel engine to power conveyor belt and hydraulic system.

REDA 16204	REDA 16206	REDA 16208	REDA 16210	REDA 16212
REDA 16205	REDA 16207	REDA 16209	REDA 16211	REDA 16213

16214-16223   SDT OUTER Mk.II   PHA

Design Code: PH021D.
Builder: Powell Duffryn Standard, Heywood, 1990.
Tare Weight: 15.50 t.   **Gross Laden Weight:** 51.00 t.
Maximum Speed: 60 mph.   **Length:** 8968 mm. (29 ft. 5 in.)
Suspension: Gloucester Pedestal.
Notes: Fitted with Lister Petter HL4008 diesel engine to power conveyor belt and hydraulic system.

REDA 16214	REDA 16216	REDA 16218	REDA 16220	REDA 16222
REDA 16215	REDA 16217	REDA 16219	REDA 16221	REDA 16223

16300-16304   SDT POWER INNER Mk.II   PHA

Design Code: PH022A.
Builder: Standard Wagon, Heywood, 1989.
Tare Weight: 14.85 t.   **Gross Laden Weight:** 50.95 t.
Maximum Speed: 60 mph.   **Length:** 8949 mm. (29 ft. 4 in.)
Suspension: Gloucester Pedestal.
Notes: Fitted with Lister Petter HL4008 diesel engine to power conveyor belt and hydraulic system.

REDA 16300	REDA 16301	REDA 16302	REDA 16303	REDA 16304

16305-16309   SDT POWER INNER Mk.II   PHA

Design Code: PH022B.
Builder: Powell Duffryn Standard, Heywood, 1990.
Tare Weight: 15.60 t.   **Gross Laden Weight:** 51.00 t.
Maximum Speed: 60 mph.   **Length:** 8968 mm. (29 ft. 5 in.)
Suspension: Gloucester Pedestal.
Notes: Fitted with Lister Petter HL4008 diesel engine to power conveyor belt and hydraulic system.

REDA 16305	REDA 16306	REDA 16307	REDA 16308	REDA 16309

17001-17011   BOGIE HOPPER   JGA

Design Code: JG003A.
Builder: I.M.C. Engineering, Hartlepool, 1971-72.
Tare Weight: 23.30 t.   **Gross Laden Weight:** 92.00 t.
Maximum Speed: 60 mph.   **Length:** 12496 mm. (41 ft.)
Bogie Type: Primary Coil.
Notes: All currently stored at Chichester Yard.

FR 17001	FR 17004	FR 17006	FR 17008	FR 17010
FR 17002	FR 17005	FR 17007	FR 17009	FR 17011
FR 17003				

JGA FR 17009 (Des. Code JG003A) at New Cross Gate 05.01.85 (R. Wallace)

JGA BHQ 17115 (Des. Code JG010A) at Merehead 19.09.89 (H. P. Searle)

17101-17129   BOGIE HOPPER   JGA
Design Code: JG010A.
Builder: W.H. Davis, Langwith Junction, 1986-88.
Tare Weight: 22.00 t.   **Gross Laden Weight:** 90.00 t.
Maximum Speed: 60 mph.   **Length:** 15000 mm. (49 ft. 3 in.)
Bogie Type: Sambre et Meuse Y25.
Usual Workings: Between Bardon Hill, Merehead and Thorney Mill.

BHQ 17101	BHQ 17107	BHQ 17113	BHQ 17119	BHQ 17125
BHQ 17102	BHQ 17108	BHQ 17114	BHQ 17120	BHQ 17126
BHQ 17103	BHQ 17109	BHQ 17115	BHQ 17121	BHQ 17127
BHQ 17104	BHQ 17110	BHQ 17116	BHQ 17122	BHQ 17128
BHQ 17105	BHQ 17111	BHQ 17117	BHQ 17123	BHQ 17129
BHQ 17106	BHQ 17112	BHQ 17118	BHQ 17124	

17130-17151   BOGIE HOPPER   JGA
Design Code: JG010B.
Builder: W.H. Davis, Langwith Junction, 1990.
Tare Weight: 22.00 t.   **Gross Laden Weight:** 90.00 t.
Maximum Speed: 60 mph.   **Length:** 15000 mm. (49 ft. 3 in.)
Bogie Type: Sambre et Meuse Y25.
Usual Workings: Between Merehead, Bardon Hill and Thorney Mill.

BHQ 17130	BHQ 17135	BHQ 17140	BHQ 17144	BHQ 17148
BHQ 17131	BHQ 17136	BHQ 17141	BHQ 17145	BHQ 17149
BHQ 17132	BHQ 17137	BHQ 17142	BHQ 17146	BHQ 17150
BHQ 17133	BHQ 17138	BHQ 17143	BHQ 17147	BHQ 17151
BHQ 17134	BHQ 17139			

17201-17224   BOGIE HOPPER   JGA
Design Code: JG009B.
Builder: Standard Wagon, Heywood, 1986.
Tare Weight: 21.90 t.   **Gross Laden Weight:** 90.00 t.
Maximum Speed: 60 mph.   **Length:** 14235 mm. (46 ft. 8 in.)
Bogie Type: Sambre et Meuse Y25.
Usual Workings: Between Peak Forest and Washwood Heath, Ely and Selby.

RMC 17201	RMC 17206	RMC 17211	RMC 17216	RMC 17221
RMC 17202	RMC 17207	RMC 17212	RMC 17217	RMC 17222
RMC 17203	RMC 17208	RMC 17213	RMC 17218	RMC 17223
RMC 17204	RMC 17209	RMC 17214	RMC 17219	RMC 17224
RMC 17205	RMC 17210	RMC 17215	RMC 17220	

17225-17249   BOGIE HOPPER   JGA
Design Code: JG013A.
Builder: RFS Industries, Doncaster 1980.
Tare Weight: 23.00 t.   **Gross Laden Weight:** 90.00 t.
Maximum Speed: 60 mph.   **Length:** 14500 mm. (47 ft. 7 in.)
Bogie Type: Sambre et Meuse Y25.
Usual Workings: Between Peak Forest and Washwood Heath, Ely and Selby.

RMC 17225	RMC 17230	RMC 17235	RMC 17240	RMC 17245
RMC 17226	RMC 17231	RMC 17236	RMC 17241	RMC 17246
RMC 17227	RMC 17232	RMC 17237	RMC 17242	RMC 17247
RMC 17228	RMC 17233	RMC 17238	RMC 17243	RMC 17248
RMC 17229	RMC 17234	RMC 17239	RMC 17244	RMC 17249

JHA ELC 17511 (Des. Code JH005A) at Hoo Junction 18.03.90 (R. Wallace)

JHA MAR 17723 (Des. Code JH015B) at Plumstead 20.12.89 (R. Wallace)

17301-17327　　　BOGIE HOPPER　　　　　　　　　JGA
Design Code: JG004C.
Builder: W.H. Davis, Langwith Junction, 1987.
Tare Weight: 22.20 t.　　　　　　　**Gross Laden Weight:** 90.00 t.
Maximum Speed: 60 mph.　　　　　**Length:** 16070 mm. (52 ft. 9 in.)
Bogie Type: Gloucester GPS.
Notes: All currently stored at Langwith Junction.

RHR 17301	RHR 17307	RHR 17313	RHR 17318	RHR 17323
RHR 17302	RHR 17308	RHR 17314	RHR 17319	RHR 17324
RHR 17303	RHR 17309	RHR 17315	RHR 17320	RHR 17325
RHR 17304	RHR 17310	RHR 17316	RHR 17321	RHR 17326
RHR 17305	RHR 17311	RHR 17317	RHR 17322	RHR 17327
RHR 17306	RHR 17312			

17450-17456　　　BOGIE HOPPER　　　　　　　　　JGA
Design Code: JG012A.
Builder: W.H. Davis, Langwith Junction, 1991.
Tare Weight: 25.70 t.　　　　　　　**Gross Laden Weight:** 90.00 t.
Maximum Speed: 60 mph.　　　　　**Length:** 17790 mm. (58 ft. 5 in.)
Bogie Type:
Usual Working: Between Boulby Mine and Tees Dock.

CPL 17450	CPL 17452	CPL 17454	CPL 17455	CPL 17456
CPL 17451	CPL 17453			

17501-17520　　　BOGIE HOPPER　　　　　　　　　JHA
Design Code: JH005A or JH005B.
Builder: Charles Roberts, Wakefield, 1970-71.
Tare Weight: 28.25 t.　　　　　　　**Gross Laden Weight:** 101.85 t.
Maximum Speed: 60 mph.　　　　　**Length:** 13716 mm. (45 ft.)
Bogie Type: Gloucester Cast Steel Mk. 4.
Current Hirer: Brett.
Usual Workings: To and from Cliffe.

ELC 17501 a	ELC 17505 a	ELC 17509 a	ELC 17513 a	ELC 17517 a
ELC 17502 a	ELC 17506 a	ELC 17510 a	ELC 17514 a	ELC 17518 a
ELC 17503 b	ELC 17507 a	ELC 17511 a	ELC 17515 a	ELC 17519 a
ELC 17504 a	ELC 17508 a	ELC 17512 a	ELC 17516 a	ELC 17520 a

17701-17712　　　BOGIE HOPPER　　　　　　　　　JHA
Design Code: JH004A or JH015A*.
Builder: Charles Roberts, Wakefield, 1969.
Tare Weight: 26.90 t.　　　　　　　**Gross Laden Weight:** 102.00 t.
Maximum Speed: 45 mph.　　　　　**Length:** 16459 mm. (54 ft.)
Bogie Type: Gloucester Cast Steel.
Notes: Originally prefixed MPHY.
Usual Workings: To and from Cliffe.

MAR 17701 *	MAR 17704 *	MAR 17707 *	MAR 17709 *	MAR 17711 *
MAR 17702 *	MAR 17705 *	MAR 17708 *	~~MAR 17710~~ *	MAR 17712 *
MAR 17703 a	MAR 17706 *			

17713-17722　　　BOGIE HOPPER　　　　　　　　　JHA
Design Code: JH004B.
Builder: W.H. Davis, Langwith Junction, 1983.
Tare Weight: 25.25 t.　　　　　　　**Gross Laden Weight:** 101.95 t.
Maximum Speed: 60 mph.　　　　　**Length:** 16580 mm. (54 ft. 5 in.)

JHA SRW 17901 (Des. Code JH017A) at Heywood 06.89 (A. Marshall)

PGA SRW 18501 (Des. Code PG010B) at Warrington Yard 06.89 (A. Marshall)

59

Bogie Type: Gloucester GPS.
Usual Workings: To and from Cliffe.

MAR 17713	MAR 17715	MAR 17717	MAR 17719	MAR 17721
MAR 17714	MAR 17716	MAR 17718	MAR 17720	MAR 17722

17723-17735   BOGIE HOPPER   JHA

Design Code: JH015B.
Builder: W.H.Davis, Langwith Junction, 1989-91.
Tare Weight: 25.25 t.   **Gross Laden Weight:** 101.95 t.
Maximum Speed: 50 mph.   **Length:** 16580 mm. (54 ft. 5 in.)
Bogie Type:
Usual Workings: To and from Cliffe.

MAR 17723	MAR 17726	MAR 17729	MAR 17732	MAR 17734
MAR 17724	MAR 17727	MAR 17730	MAR 17733	MAR 17735
MAR 17725	MAR 17728	MAR 17731		

17901-17931   BOGIE HOPPER OUTER   JHA

Design Code: JH017A.
Builder: Powell Duffryn Standard, Heywood, 1990. (17901 Standard Wagon, Heywood 1988).
Tare Weight: 22.00 t.   **Gross Laden Weight:** 102.00 t.
Maximum Speed: 60 mph.   **Length:** 14700 mm. (48 ft. 3 in.)
Bogie Type: Gloucester Low Track Force.
Usual Workings: To and from Whatley.
Notes: 17901 was originally owned by Standard Wagon. Built as a prototype wagon with buffers at each end. Subsequently converted to an outer and sold to ARC.

ARC 17901	ARC 17908	ARC 17914	ARC 17920	ARC 17926
ARC 17902	ARC 17909	ARC 17915	ARC 17921	ARC 17927
ARC 17903	ARC 17910	ARC 17916	ARC 17922	ARC 17928
ARC 17904	ARC 17911	ARC 17917	ARC 17923	ARC 17929
ARC 17905	ARC 17912	ARC 17918	ARC 17924	ARC 17930
ARC 17906	ARC 17913	ARC 17919	ARC 17925	ARC 17931
ARC 17907				

18000-18113   HOPPER   PGA

Design Code: PG010A.
Builder: Standard Wagon, Heywood, 1975.
Tare Weight: 13.70 t.   **Gross Laden Weight:** 51.00 t.
Maximum Speed: 60 mph.   **Length:** 8229 mm. (27 ft.)
Suspension: BSC Primary Coil.
Usual Workings: Between Redmire and Lackenby.

BSTE 18000	BSTE 18025	BSTE 18052	BSTE 18079	BSTE 18097
BSTE 18002	BSTE 18028	BSTE 18053	BSTE 18080	BSTE 18098
BSTE 18003	BSTE 18030	BSTE 18055	BSTE 18081	BSTE 18099
BSTE 18004	BSTE 18032	BSTE 18058	BSTE 18082	BSTE 18100
BSTE 18005	BSTE 18033	BSTE 18061	BSTE 18083	BSTE 18101
BSTE 18006	BSTE 18034	BSTE 18062	BSTE 18085	BSTE 18102
BSTE 18007	BSTE 18035	BSTE 18064	BSTE 18086	BSTE 18103
BSTE 18009	BSTE 18036	BSTE 18066	BSTE 18087	BSTE 18104
BSTE 18010	BSTE 18037	BSTE 18067	BSTE 18088	BSTE 18105
BSTE 18013	BSTE 18039	BSTE 18068	BSTE 18089	BSTE 18106
BSTE 18014	BSTE 18042	BSTE 18070	BSTE 18090	BSTE 18107
BSTE 18015	BSTE 18044	BSTE 18073	BSTE 18091	BSTE 18108
BSTE 18017	BSTE 18046	BSTE 18074	BSTE 18092	BSTE 18109
BSTE 18018	BSTE 18047	BSTE 18075	BSTE 18093	BSTE 18110
BSTE 18020	BSTE 18048	BSTE 18076	BSTE 18094	BSTE 18111
BSTE 18021	BSTE 18049	BSTE 18077	BSTE 18095	BSTE 18112
BSTE 18024	BSTE 18051	BSTE 18078	BSTE 18096	BSTE 18113

18500-18529 HOPPER PGA

Design Code: PG010B or PG010C.
Builder: Standard Wagon, Heywood, 1975.
Tare Weight: 12.50 t.
Maximum Speed: 60 mph.
Gross Laden Weight: 51.00 t.
Length: 8230 mm. (27 ft.)
Suspension: BSC Primary Coil.
Notes: Purchased from British Steel Teesside 1983. SRW 18508/9/11-29 were renumbered from BSTE 18001/11/12/16/22/26/29/31/40/41/43/54/56/57/59/63/65/71/72/81/114 order not known. All currently stored at Tinsley.

SRW 18500 b	(BSTE 18008)	SRW 18515 c	(BSTE 18)
SRW 18501 b	(BSTE 18045)	SRW 18516 c	(BSTE 18)
SRW 18502 b	(BSTE 18027)	SRW 18517 b	(BSTE 18)
SRW 18503 b	(BSTE 18069)	SRW 18518 c	(BSTE 18)
SRW 18504 c	(BSTE 18023)	SRW 18519 c	(BSTE 18)
SRW 18505 b	(BSTE 18019)	SRW 18520 c	(BSTE 18)
SRW 18506 b	(BSTE 18050)	SRW 18521 c	(BSTE 18)
SRW 18507 b	(BSTE 18060)	SRW 18522 c	(BSTE 18)
SRW 18508 b	(BSTE 18)	SRW 18523 c	(BSTE 18)
SRW 18509 b	(BSTE 18)	SRW 18524 b	(BSTE 18)
SRW 18510 b	(BSTE 18038)	SRW 18525 b	(BSTE 18)
SRW 18511 b	(BSTE 18)	SRW 18526 b	(BSTE 18)
SRW 18512 c	(BSTE 18)	SRW 18527 b	(BSTE 18)
SRW 18513 b	(BSTE 18)	SRW 18528 b	(BSTE 18)
SRW 18514 c	(BSTE 18)	SRW 18529 b	(BSTE 18)

JHA ARC 19896 (Des. Code JH018A) at Theale 05.11.90 (H.P. Searle)

18700-18729   COVERED HOPPER   PAA

Design Code: PA011A.
Builder: Standard Wagon, Heywood, 1981.
Tare Weight: 15.00 t.   **Gross Laden Weight:** 51.00 t.
Maximum Speed: 60 mph.   **Length:** 8840 mm. (29 ft.)
Suspension: Gloucester Floating Axle.
Usual Workings: Between Ferryhill and Hartlepool.

STET 18700	STET 18706	STET 18712	STET 18718	STET 18724
STET 18701	STET 18707	STET 18713	STET 18719	STET 18725
STET 18702	STET 18708	STET 18714	STET 18720	STET 18726
STET 18703	STET 18709	STET 18715	STET 18721	STET 18727
STET 18704	STET 18710	STET 18716	STET 18722	STET 18728
STET 18705	STET 18711	STET 18717	STET 18723	STET 18729

19000-19151   BOGIE HOPPER   JGV

Design Code: JG001A.
Builder: Charles Roberts, Wakefield, 1936-39/47-48/52-53.
Tare Weight: 23.10 t.   **Gross Laden Weight:** 71.00 t.
Maximum Speed: 50 mph.   **Length:** 12192 mm. (40 ft.)
Bogie Type: Secondary Coil.
Usual Workings: To and from Tunstead.

ICIM 19000	ICIM 19029	ICIM 19060	ICIM 19091	ICIM 19122
ICIM 19001	ICIM 19030	ICIM 19061	ICIM 19092	ICIM 19123
ICIM 19002	ICIM 19031	ICIM 19062	ICIM 19093	ICIM 19124
ICIM 19003	ICIM 19032	ICIM 19063	ICIM 19094	ICIM 19125
ICIM 19004	ICIM 19033	ICIM 19064	ICIM 19095	ICIM 19126
ICIM 19005	ICIM 19034	ICIM 19065	ICIM 19097	ICIM 19127
ICIM 19006	ICIM 19036	ICIM 19066	ICIM 19098	ICIM 19128
ICIM 19007	ICIM 19037	ICIM 19067	ICIM 19099	ICIM 19129
ICIM 19008	ICIM 19038	ICIM 19069	ICIM 19100	ICIM 19130
ICIM 19009	ICIM 19039	ICIM 19070	ICIM 19101	ICIM 19131
ICIM 19010	ICIM 19040	ICIM 19071	ICIM 19103	ICIM 19132
ICIM 19011	ICIM 19041	ICIM 19072	ICIM 19104	ICIM 19133
ICIM 19012	ICIM 19042	ICIM 19073	ICIM 19105	ICIM 19134
ICIM 19013	ICIM 19043	ICIM 19074	ICIM 19106	ICIM 19136
ICIM 19014	ICIM 19044	ICIM 19075	ICIM 19107	ICIM 19137
ICIM 19015	ICIM 19045	ICIM 19076	ICIM 19108	ICIM 19138
ICIM 19016	ICIM 19047	ICIM 19077	ICIM 19109	ICIM 19139
ICIM 19017	ICIM 19048	ICIM 19078	ICIM 19110	ICIM 19141
ICIM 19018	ICIM 19049	ICIM 19080	ICIM 19111	ICIM 19142
ICIM 19019	ICIM 19050	ICIM 19081	ICIM 19112	ICIM 19144
ICIM 19020	ICIM 19051	ICIM 19082	ICIM 19113	ICIM 19145
ICIM 19021	ICIM 19052	ICIM 19083	ICIM 19114	ICIM 19146
ICIM 19022	ICIM 19053	ICIM 19084	ICIM 19115	ICIM 19147
ICIM 19023	ICIM 19054	ICIM 19085	ICIM 19116	ICIM 19148
ICIM 19025	ICIM 19055	ICIM 19086	ICIM 19117	ICIM 19149
ICIM 19026	ICIM 19056	ICIM 19087	ICIM 19119	ICIM 19150
ICIM 19027	ICIM 19057	ICIM 19088	ICIM 19120	ICIM 19151
ICIM 19028	ICIM 19058	ICIM 19090	ICIM 19121	

19152-19164   BOGIE HOPPER   JGV

Design Code: JG001B.
Builder: Charles Roberts, Wakefield, 1953. Refurbished by ICI at Northwich 1983.
Tare Weight: 23.00 t.   **Gross Laden Weight:** 71.00 t.
Maximum Speed: 45 mph.   **Length:** 11887 mm. (39 ft.)
Bogie Type: Secondary Coil.
Usual Workings: To and from Tunstead.

ICIM 19152	(BSSH 13116)	ICIM 19159	(BSSH 13133)
ICIM 19153	(BSSH 13124)	ICIM 19160	(BSSH 13068)
ICIM 19154	(BSSH 13081)	ICIM 19161	(BSSH 13118)
ICIM 19155	(BSSH 13134)	ICIM 19162	(BSSH 13065)
ICIM 19156	(BSSH 13098)	ICIM 19163	(BSSH 13103)
ICIM 19157	(BSSH 13112)	ICIM 19164	(BSSH 13111)
ICIM 19158	(BSSH 13073)		

19300-19399   BOGIE HOPPER   JHA

Design Code: JH014A, JH014C or JH014D (outers), JH014B or JH014E (inners).
Builder: Orenstein & Koppel, Dortmund, West Germany, 1989.
Tare Weight: a 24.45 t; b 23.77 t; c 23.50 t; d 24.22 t.; e 24.02 t.
Gross Laden Weight: 102.00 t.   **Maximum Speed:** 60 mph.
Length: b e 14500 mm. (47 ft. 7 in.); a c d 14630 mm. (48 ft.)
Bogie type: O & K type 25-100.
Current Hirer: Foster Yeoman.
Usual Workings: From Merehead to Acton, Botley, Brentford, Theale and Wooton Bassett.

OK 19300 c	OK 19320 b	OK 19340 e	OK 19360 e	OK 19380 e
OK 19301 c	OK 19321 b	OK 19341 e	OK 19361 e	OK 19381 e
OK 19302 a	OK 19322 b	OK 19342 e	OK 19362 e	OK 19382 e
OK 19303 a	OK 19323 b	OK 19343 e	OK 19363 e	OK 19383 e
OK 19304 a	OK 19324 b	OK 19344 e	OK 19364 e	OK 19384 e
OK 19305 a	OK 19325 b	OK 19345 e	OK 19365 e	OK 19385 e
OK 19306 a	OK 19326 b	OK 19346 e	OK 19366 e	OK 19386 e
OK 19307 a	OK 19327 b	OK 19347 e	OK 19367 e	OK 19387 e
OK 19308 d	OK 19328 b	OK 19348 e	OK 19368 e	OK 19388 e
OK 19309 d	OK 19329 b	OK 19349 e	OK 19369 e	OK 19389 e
OK 19310 d	OK 19330 b	OK 19350 e	OK 19370 e	OK 19390 e
OK 19311 d	OK 19331 b	OK 19351 e	OK 19371 e	OK 19391 e
OK 19312 d	OK 19332 e	OK 19352 e	OK 19372 e	OK 19392 e
OK 19313 d	OK 19333 e	OK 19353 e	OK 19373 e	OK 19393 e
OK 19314 d	OK 19334 e	OK 19354 e	OK 19374 e	OK 19394 e
OK 19315 d	OK 19335 e	OK 19355 e	OK 19375 e	OK 19395 e
OK 19316 d	OK 19336 e	OK 19356 e	OK 19376 e	OK 19396 e
OK 19317 d	OK 19337 e	OK 19357 e	OK 19377 e	OK 19397 e
OK 19318 d	OK 19338 e	OK 19358 e	OK 19378 e	OK 19398 e
OK 19319 d	OK 19339 e	OK 19359 e	OK 19379 e	OK 19399 e

19551-19589   HOPPER   PGA

Design Code: PG001A.
Builder: BREL, Shildon, 1970.
Tare Weight: 11.50 t.
Maximum Speed: 60 mph.   **Gross Laden Weight:** 46.00 t.
Suspension: FAT10 Single Long Link.   **Length:** 8839 mm. (29 ft.)
Notes: Originally intended to be BR B375000-38.
Usual Workings: Between Mountfield and Northfleet. APCM 19573-77/79/83/85/86/88/89 are currently stored at Northfleet and Hoo Junction.

APCM 19551	APCM 19559	APCM 19567	APCM 19575	APCM 19583
APCM 19552	APCM 19560	APCM 19568	APCM 19576	APCM 19584
APCM 19553	APCM 19561	APCM 19569	APCM 19577	APCM 19585
APCM 19554	APCM 19562	APCM 19570	APCM 19578	APCM 19586
APCM 19555	APCM 19563	APCM 19571	APCM 19579	APCM 19587
APCM 19556	APCM 19564	APCM 19572	APCM 19580	APCM 19588
APCM 19557	APCM 19565	APCM 19573	APCM 19581	APCM 19589
APCM 19558	APCM 19566	APCM 19574	APCM 19582	

19801-19891 BOGIE HOPPER INNER **JHA**

Design Code: JH016A.
Builder: Powell Duffryn Standard, Heywood, 1990-91.
Tare Weight: 21.90 t. **Gross Laden Weight:** 102.00 t.
Maximum Speed: 60 mph. **Length:** 14700 mm. (48 ft. 3 in.).
Bogie type: Gloucester Low Track Force.
Usual Workings: To and from Whatley.

ARC 19801	ARC 19820	ARC 19838	ARC 19856	ARC 19874
ARC 19802	ARC 19821	ARC 19839	ARC 19857	ARC 19875
ARC 19803	ARC 19822	ARC 19840	ARC 19858	ARC 19876
ARC 19804	ARC 19823	ARC 19841	ARC 19859	ARC 19877
ARC 19805	ARC 19824	ARC 19842	ARC 19860	ARC 19878
ARC 19806	ARC 19825	ARC 19843	ARC 19861	ARC 19879
ARC 19807	ARC 19826	ARC 19844	ARC 19862	ARC 19880
ARC 19808	ARC 19827	ARC 19845	ARC 19863	ARC 19881
ARC 19809	ARC 19828	ARC 19846	ARC 19864	ARC 19882
ARC 19810	ARC 19829	ARC 19847	ARC 19865	ARC 19883
ARC 19811	ARC 19830	ARC 19848	ARC 19866	ARC 19884
ARC 19812	ARC 19831	ARC 19849	ARC 19867	ARC 19885
ARC 19813	ARC 19832	ARC 19850	ARC 19868	ARC 19886
ARC 19814	ARC 19833	ARC 19851	ARC 19869	ARC 19887
ARC 19815	ARC 19834	ARC 19852	ARC 19870	ARC 19888
ARC 19816	ARC 19835	ARC 19853	ARC 19871	ARC 19889
ARC 19817	ARC 19836	ARC 19854	ARC 19872	ARC 19890
ARC 19818	ARC 19837	ARC 19855	ARC 19873	ARC 19891
ARC 19819				

19892-19913 BOGIE HOPPER INNER **JHA**

Design Code: JH018A.
Builder: Bombadier Prorail, Horbury, 1990.
Tare Weight: 21.72 t. **Gross Laden Weight:** 101.92 t.
Maximum Speed: 60 mph. **Length:** 14757 mm. (48 ft. 5 in.).
Bogie type: Gloucester Low Track Force.
Usual Workings: To and from Whatley.

ARC 19892	ARC 19897	ARC 19902	ARC 19906	ARC 19910
ARC 19893	ARC 19898	ARC 19903	ARC 19907	ARC 19911
ARC 19894	ARC 19899	ARC 19904	ARC 19908	ARC 19912
ARC 19895	ARC 19900	ARC 19905	ARC 19909	ARC 19913
ARC 19896	ARC 19901			

OTHER WAGON TITLES FROM METRO

Private Owner Wagons (Volume 2)	£5.95
Supplement to above	£1.00
International Ferry Wagons	£5.95

Also available:
BR Air Braked Wagons (SCT Publishing)   £6.95
All **POST FREE** From:-

Metro Enterprises Ltd.,
48 Southcliffe Drive, Baildon
Shipley, BD17 5QX

24301-24600　　MINERAL TIPPLER　　PSO

Design Code: PS015A or PS005A*.
Builder: W.H. Davis, Langwith Junction, 1974-78.
Tare Weight: 10.20 t. or * 8.80 t.
Maximum Speed: 45 mph.
Suspension: Shoe.
Gross Laden Weight: 35.00 t. or * 30.00 t.
Length: 6248 mm. (20 ft. 6 in.) or * 6400 mm (21 ft.).

Notes: Built on unidentified former tank wagon underframes. BTP 24385 erroneously carries number BTP 24485.
Usual Workings: Between Grimsby Docks and TI Oxide Plant.

BTP 24301 *	BTP 24358 *	BTP 24417 a	BTP 24483 a	BTP 24546 a
BTP 24302 a	BTP 24359 a	BTP 24419 a	BTP 24484 a	BTP 24547 a
BTP 24304 *	BTP 24360 a	BTP 24421 a	BTP 24486 a	BTP 24548 a
BTP 24305 a	BTP 24362 a	BTP 24422 *	BTP 24487 a	BTP 24549 a
BTP 24306 *	BTP 24363 a	BTP 24423 a	BTP 24490 a	BTP 24550 a
BTP 24308 a	BTP 24364 a	BTP 24426 a	BTP 24491 *	BTP 24551 a
BTP 24309 a	BTP 24365 a	BTP 24427 a	BTP 24492 a	BTP 24552 a
BTP 24310 a	BTP 24366 a	BTP 24428 a	BTP 24493 a	BTP 24553 a
BTP 24312 a	BTP 24368 a	BTP 24429 a	BTP 24494 a	BTP 24555 a
BTP 24313 a	BTP 24369 a	BTP 24430 a	BTP 24495 a	BTP 24556 a
BTP 24314 a	BTP 24370 a	BTP 24431 *	BTP 24496 a	BTP 24558 a
BTP 24315 *	BTP 24371 a	BTP 24432 a	BTP 24498 a	BTP 24559 a
BTP 24316 a	BTP 24372 a	BTP 24433 a	BTP 24499 a	BTP 24560 a
BTP 24317 *	BTP 24373 *	BTP 24435 a	BTP 24500 a	BTP 24561 *
BTP 24318 a	BTP 24374 *	BTP 24436 a	BTP 24501 a	BTP 24562 *
BTP 24319 *	BTP 24375 *	BTP 24438 a	BTP 24502 a	BTP 24563 *
BTP 24320 a	BTP 24376 *	BTP 24439 a	BTP 24503 *	BTP 24564 a
BTP 24321 a	BTP 24377 a	BTP 24441 a	BTP 24504 a	BTP 24565 *
BTP 24322 a	BTP 24378 a	BTP 24442 *	BTP 24505 a	BTP 24566 a
BTP 24323 a	BTP 24380 a	BTP 24443 a	BTP 24508 a	BTP 24568 a
BTP 24324 a	BTP 24381 a	BTP 24444 a	BTP 24509 a	BTP 24569 a
BTP 24325 a	BTP 24382 *	BTP 24445 a	BTP 24511 a	BTP 24570 a
BTP 24326 a	BTP 24383 a	BTP 24446 a	BTP 24512 a	BTP 24571 a
BTP 24327 a	BTP 24385 a	BTP 24447 *	BTP 24514 a	BTP 24572 *
BTP 24328 a	BTP 24386 a	BTP 24448 a	BTP 24515 *	BTP 24573 *
BTP 24329 a	BTP 24387 a	BTP 24450 *	BTP 24516 a	BTP 24574 *
BTP 24330 a	BTP 24388 a	BTP 24451 a	BTP 24518 a	BTP 24575 a
BTP 24331 a	BTP 24389 a	BTP 24452 a	BTP 24519 *	BTP 24576 a
BTP 24332 a	BTP 24390 a	BTP 24453 a	BTP 24520 a	BTP 24577 a
BTP 24333 a	BTP 24391 a	BTP 24456 a	BTP 24521 a	BTP 24578 a
BTP 24334 a	BTP 24392 *	BTP 24457 a	BTP 24523 a	BTP 24579 a
BTP 24335 a	BTP 24393 a	BTP 24458 a	BTP 24525 a	BTP 24580 a
BTP 24336 a	BTP 24394 a	BTP 24459 a	BTP 24526 a	BTP 24581 a
BTP 24338 a	BTP 24395 *	BTP 24460 a	BTP 24527 a	BTP 24582 *
BTP 24339 a	BTP 24396 a	BTP 24461 *	BTP 24528 *	BTP 24583 a
BTP 24340 a	BTP 24397 a	BTP 24463 a	BTP 24529 a	BTP 24584 a
BTP 24341 a	BTP 24398 a	BTP 24465 a	BTP 24530 a	BTP 24585 a
BTP 24343 *	BTP 24400 a	BTP 24467 a	BTP 24532 a	BTP 24586 a
BTP 24345 a	BTP 24401 a	BTP 24468 a	BTP 24533 a	BTP 24588 a
BTP 24347 a	BTP 24402 a	BTP 24469 a	BTP 24534 a	BTP 24589 a
BTP 24348 *	BTP 24403 a	BTP 24470 a	BTP 24535 *	BTP 24590 *
BTP 24349 a	BTP 24406 a	BTP 24471 *	BTP 24536 a	BTP 24591 *
BTP 24350 *	BTP 24408 a	BTP 24473 a	BTP 24537 a	BTP 24592 a
BTP 24351 a	BTP 24409 a	BTP 24474 a	BTP 24538 a	BTP 24594 a
BTP 24352 a	BTP 24410 a	BTP 24475 a	BTP 24539 a	BTP 24595 a
BTP 24353 a	BTP 24411 *	BTP 24476 a	BTP 24540 a	BTP 24596 a
BTP 24354 a	BTP 24412 a	BTP 24478 *	BTP 24541 a	BTP 24597 *
BTP 24355 a	BTP 24413 *	BTP 24479 a	BTP 24542 *	BTP 24598 *
BTP 24356 a	BTP 24415 a	BTP 24480 a	BTP 24543 a	BTP 24599 *
BTP 24357 *	BTP 24416 a	BTP 24481 a	BTP 24545 a	BTP 24600 *

25500-25523   MINERAL TIPPLER   PSA

Design Code: PS016B or PS016C.
Builder: Procor, Wakefield, 1975.
Tare Weight: 11.20 t.   **Gross Laden Weight:** 45.20 t.
Maximum Speed: 60 mph.   **Length:** 9144 mm. (30 ft.)
Suspension: Parabolic Taper Leaf Springs or c FAT26 Double Link.
Notes: Currently stored at Peak Forest.

PR 25500 b	PR 25505 b	PR 25510 b	PR 25515 c	PR 25520 c
PR 25501 b	PR 25506 b	PR 25511 b	PR 25516 c	PR 25521 c
PR 25502 b	PR 25507 b	PR 25512 c	PR 25517 c	PR 25522 b
PR 25503 b	PR 25508 b	PR 25513 c	PR 25518 c	PR 25523 c
PR 25504 b	PR 25509 b	PR 25514 c	PR 25519 c	

26000-26106   BOGIE TIPPLER   JTA/JUA

Design Code: JU001A (Inners), JT001B (Outers), JT001C (Outers).
Builder: BREL, Shildon, 1972.
Tare Weight: 24.40 t.   **Gross Laden Weight:** 102.00 t.
Maximum Speed: 60 mph.   **Length:** 12492 mm. (41 ft.)
Bogie Type: FBT10/10A.
Usual Workings: Between Immingham and Santon Ore Terminal.

BSSC 26000 a	BSSC 26022 a	BSSC 26044 a	BSSC 26065 a	BSSC 26086 a
BSSC 26001 a	BSSC 26023 a	BSSC 26045 a	BSSC 26066 a	BSSC 26087 a
BSSC 26002 a	BSSC 26024 a	BSSC 26046 a	BSSC 26067 a	BSSC 26088 a
BSSC 26003 a	BSSC 26025 a	BSSC 26047 a	BSSC 26068 a	BSSC 26089 a
BSSC 26004 a	BSSC 26026 a	BSSC 26048 a	BSSC 26069 a	BSSC 26090 a
BSSC 26005 a	BSSC 26027 a	BSSC 26049 a	BSSC 26070 a	BSSC 26091 a
BSSC 26006 a	BSSC 26028 a	BSSC 26050 a	BSSC 26071 a	BSSC 26092 a
BSSC 26007 a	BSSC 26029 a	BSSC 26051 a	BSSC 26072 a	BSSC 26093 a
BSSC 26008 a	BSSC 26030 a	BSSC 26052 a	BSSC 26073 a	BSSC 26094 a
BSSC 26009 a	BSSC 26031 a	BSSC 26053 a	BSSC 26074 a	BSSC 26095 b
BSSC 26010 a	BSSC 26032 a	BSSC 26054 a	BSSC 26075 a	BSSC 26096 b
BSSC 26011 a	BSSC 26033 a	BSSC 26055 a	BSSC 26076 a	BSSC 26097 b
BSSC 26012 a	BSSC 26034 a	BSSC 26056 a	BSSC 26077 a	BSSC 26098 b
BSSC 26013 a	BSSC 26035 a	BSSC 26057 a	BSSC 26078 a	BSSC 26099 b
BSSC 26014 a	BSSC 26036 a	BSSC 26058 a	BSSC 26079 a	BSSC 26100 c
BSSC 26015 a	BSSC 26037 a	BSSC 26059 a	BSSC 26080 a	BSSC 26101 c
BSSC 26016 a	BSSC 26038 a	BSSC 26060 a	BSSC 26081 a	BSSC 26102 c
BSSC 26017 a	BSSC 26039 a	BSSC 26061 a	BSSC 26082 a	BSSC 26103 c
BSSC 26018 a	BSSC 26040 a	BSSC 26062 a	BSSC 26083 a	BSSC 26104 c
BSSC 26019 a	BSSC 26041 a	BSSC 26063 a	BSSC 26084 a	BSSC 26105 b
BSSC 26020 a	BSSC 26042 a	BSSC 26064 a	BSSC 26085 a	BSSC 26106 c
BSSC 26021 a	BSSC 26043 a			

26452-26563   BOGIE BOX   JUA/JTA

Design Code: JU002D (Inners), JT002E (Outers), JT002F (Outers).
Builder: Redpath Dorman Long, Middlesbrough, 1972-73.
Tare Weight: 24.40 t.   **Gross Laden Weight:** 101.90 t.
Maximum Speed: 60 mph.   **Length:** 12497 mm. (41 ft.)
Bogie Type: BSC Axle Motion.
Notes: Originally tippler wagons owned by British Steel Teesside.
Current Hirer: Foster Yeoman.
Usual Workings: Between Merehead and Banbury, Crawley, Harlow Mill, Purfleet, Salisbury, Woking, Luton and Purley.

JTA PR 26552 (Des. Code JT002E) at Merehead 09.06.90 (H.P. Searle)

JQA THOM 28004 (Des. Code JQ005B) at Heywood 03.88 (A. Marshall)

67

PR 26452 d ~~	PR 26477 d	PR 26501 d	PR 26519 d	PR 26543 e
PR 26454 d	PR 26478 d	PR 26503 d	PR 26520 d	PR 26547 e
PR 26455 d	PR 26479 d	PR 26504 d	PR 26521 d	PR 26548 e
PR 26456 d	PR 26480 d	PR 26505 d	PR 26522 d	PR 26549 e
PR 26457 d	PR 26481 d	PR 26506 d	PR 26526 d	PR 26550 e
PR 26460 d	PR 26484 d	PR 26508 d	PR 26530 d	PR 26552 e
PR 26461 d	PR 26485 d	PR 26509 d	PR 26531 d	~~PR 26554 f~~
PR 26462 d	PR 26489 d	PR 26511 d	PR 26532 d	PR 26555 f
PR 26465 d	PR 26495 d	~~PR 26512 d~~	~~PR 26534 d~~	PR 26556 f
PR 26466 d	PR 26496 d	PR 26513 d	PR 26535 d	PR 25557 f
~~PR 26471 d~~	PR 26498 d	PR 26515 d	~~PR 26536 d~~	PR 26561 f
PR 26473 d	PR 26499 d	PR 26516 d	PR 26540 d	PR 26563 f
PR 26476 d	PR 26500 d	PR 26517 d	PR 26541 d	

26564-26677   BOGIE TIPPLER   JTA/JUA

Design Code: JU003A (Inners), JT003B (Outers), JT003C (Outers).
Builder: Redpath Dorman Long, Middlesbrough, 1974.
Tare Weight: 24.40 t.   **Gross Laden Weight:** 102.00 t.
Maximum Speed: 60 mph.   **Length:** 12497 mm. (41 ft.)
Bogie Type: BSC Axle Motion.
Usual Workings: Between Port Talbot and Llanwern.

BSSW 26564 a	BSSW 26587 a	BSSW 26610 a	BSSW 26633 a	BSSW 26656 a
BSSW 26565 a	BSSW 26588 a	BSSW 26611 a	BSSW 26634 a	BSSW 26657 a
BSSW 26566 a	BSSW 26589 a	BSSW 26612 a	BSSW 26635 a	BSSW 26658 a
BSSW 26567 a	BSSW 26590 a	BSSW 26613 a	BSSW 26636 a	BSSW 26659 a
BSSW 26568 a	BSSW 26591 a	BSSW 26614 a	BSSW 26637 a	BSSW 26660 a
BSSW 26569 a	BSSW 26592 a	BSSW 26615 a	BSSW 26638 a	BSSW 26661 a
BSSW 26570 a	BSSW 26593 a	BSSW 26616 a	BSSW 26639 a	BSSW 26662 a
BSSW 26571 a	BSSW 26594 a	BSSW 26617 a	BSSW 26640 a	BSSW 26663 a
BSSW 26572 a	BSSW 26595 a	BSSW 26618 a	BSSW 26641 a	BSSW 26664 a
BSSW 26573 a	BSSW 26596 a	BSSW 26619 a	BSSW 26642 a	BSSW 26665 a
BSSW 26574 a	BSSW 26597 a	BSSW 26620 a	BSSW 26643 a	BSSW 26666 b
BSSW 26575 a	BSSW 26598 a	BSSW 26621 a	BSSW 26644 a	BSSW 26667 b
BSSW 26576 a	BSSW 26599 a	BSSW 26622 a	BSSW 26645 a	BSSW 26668 b
BSSW 26577 a	BSSW 26600 a	BSSW 26623 a	BSSW 26646 a	BSSW 26669 b
BSSW 26578 a	BSSW 26601 a	BSSW 26624 a	BSSW 26647 a	BSSW 26670 b
BSSW 26579 a	BSSW 26602 a	BSSW 26625 a	BSSW 26648 a	BSSW 26671 b
BSSW 26580 a	BSSW 26603 a	BSSW 26626 a	BSSW 26649 a	BSSW 26672 c
BSSW 26581 a	BSSW 26604 a	BSSW 26627 a	BSSW 26650 a	BSSW 26673 c
BSSW 26582 a	BSSW 26605 a	BSSW 26628 a	BSSW 26651 a	BSSW 26674 c
BSSW 26583 a	BSSW 26606 a	BSSW 26629 a	BSSW 26652 a	BSSW 26675 c
BSSW 26584 a	BSSW 26607 a	BSSW 26630 a	BSSW 26653 a	BSSW 26676 c
BSSW 26585 a	BSSW 26608 a	BSSW 26631 a	BSSW 26654 a	BSSW 26677 c
BSSW 26586 a	BSSW 26609 a	BSSW 26632 a	BSSW 26655 a	

26678-26800   BOGIE TIPPLER   JTA/JUA

Design Code: JU004D (Inners), JT004F (Outers), JT004E (Outers).
Builder: Redpath Dorman Long, Middlesbrough, 1977-78.
Tare Weight: 24.40 t.   **Gross Laden Weight:** 102.00 t.
Maximum Speed: 60 mph.   **Length:** 12497 mm. (41 ft.)
Bogie Type: BSC Axle Motion.
Usual Workings: Between Hunterston and Ravenscraig and also Shap, Thrislington and Ravenscraig.

BSRV 26678 d	BSRV 26683 d	BSRV 26688 d	BSRV 26693 d	BSRV 26698 d
BSRV 26679 d	BSRV 26684 d	BSRV 26689 d	BSRV 26694 d	BSRV 26699 d
BSRV 26680 d	BSRV 26685 d	BSRV 26690 d	BSRV 26695 d	BSRV 26700 d
BSRV 26681 d	BSRV 26686 d	BSRV 26691 d	BSRV 26696 d	BSRV 26701 d
BSRV 26682 d	BSRV 26687 d	BSRV 26692 d	BSRV 26697 d	BSRV 26702 d

BSRV 26703 d	BSRV 26723 d	BSRV 26743 d	BSRV 26763 d	BSRV 26782 f
BSRV 26704 d	BSRV 26724 d	BSRV 26744 d	BSRV 26764 d	BSRV 26783 f
BSRV 26705 d	BSRV 26725 d	BSRV 26745 d	BSRV 26765 d	BSRV 26784 f
BSRV 26706 d	BSRV 26726 d	BSRV 26746 d	BSRV 26766 d	BSRV 26785 f
BSRV 26707 d	BSRV 26727 d	BSRV 26747 d	BSRV 26767 d	BSRV 26786 f
BSRV 26708 d	BSRV 26728 d	BSRV 26748 d	BSRV 26768 d	BSRV 26787 f
BSRV 26709 d	BSRV 26729 d	BSRV 26749 d	BSRV 26769 d	BSRV 26788 f
BSRV 26710 d	BSRV 26730 d	BSRV 26750 d	BSRV 26770 d	BSRV 26789 f
BSRV 26711 d	BSRV 26731 d	BSRV 26751 d	BSRV 26771 d	BSRV 26790 e
BSRV 26712 d	BSRV 26732 d	BSRV 26752 d	BSRV 26772 d	BSRV 26791 e
BSRV 26713 d	BSRV 26733 d	BSRV 26753 d	BSRV 26773 d	BSRV 26792 e
BSRV 26714 d	BSRV 26734 d	BSRV 26754 d	BSRV 26774 d	BSRV 26793 e
BSRV 26715 d	BSRV 26735 d	BSRV 26755 d	BSRV 26775 d	BSRV 26794 e
BSRV 26716 d	BSRV 26736 d	BSRV 26756 d	BSRV 26776 d	BSRV 26795 e
BSRV 26717 d	BSRV 26737 d	BSRV 26757 d	BSRV 26777 d	BSRV 26796 e
BSRV 26718 d	BSRV 26738 d	BSRV 26758 d	BSRV 26778 d	BSRV 26797 e
BSRV 26719 d	BSRV 26739 d	BSRV 26759 d	BSRV 26779 f	BSRV 26798 e
BSRV 26720 d	BSRV 26740 d	BSRV 26760 d	BSRV 26780 f	BSRV 26799 e
BSRV 26721 d	BSRV 26741 d	BSRV 26761 d	BSRV 26781 f	BSRV 26800 e
BSRV 26722 d	BSRV 26742 d	BSRV 26762 d		

26801-26850　　　　　BOGIE BOX　　　　　　　　　　JTA/JUA

Design Code: JU002D (Inners), JT002E (Outers), JT002F (Outers).
Builder: Redpath Dorman Long, Middlesbrough, 1972-73.
Tare Weight: 24.40 t.　　　　　　　　**Gross Laden Weight:** 101.90 t.
Maximum Speed: 50 mph.　　　　　　**Length:** 12497 mm. (41 ft.)
Bogie Type: BSC Axle Motion.
Notes: Originally Tippler wagons owned by British Steel Teesside. Purchased by Procor, refurbished and renumbered 1982-83 (former numbers in brackets).
Current Hirer: ARC.
Usual Workings: To and from Whatley and Tytherington.

PR 26801 f	(BSTE 26553)		PR 26826 d	(BSTE 26524)
PR 26802 d	(BSTE 26527)		PR 26827 d	(BSTE 26483)
PR 26803 f	(BSTE 26560)		PR 26828 d	(BSTE 26474)
PR 26804 d	(BSTE 26450)		PR 26829 d	(BSTE 26451)
PR 26805 d	(BSTE 26464)		PR 26830 d	(BSTE 26470)
PR 26806 d	(BSTE 26514)		PR 26831 d	(BSTE 26472)
PR 26807 d	(BSTE 26525)		PR 26832 d	(BSTE 26468)
PR 26808 d	(BSTE 26493)		PR 26833 f	(BSTE 26562)
PR 26809 e	(BSTE 26551)		PR 26834 d	(BSTE 26482)
PR 26810 d	(BSTE 26490)		PR 26835 d	(BSTE 26523)
PR 26811 d	(BSTE 26528)		PR 26836 d	(BSTE 26458)
PR 26812 d	(BSTE 26529)		PR 26837 d	(BSTE 26539)
PR 26813 d	(BSTE 26467)		PR 26838 e	(BSTE 26545)
PR 26814 d	(BSTE 26488)		PR 26839 d	(BSTE 26491)
PR 26815 f	(BSTE 26558)		PR 26840 d	(BSTE 26538)
PR 26816 d	(BSTE 26458)		PR 26841 f	(BSTE 26559)
PR 26817 d	(BSTE 26507)		PR 26842 d	(BSTE 26502)
PR 26818 d	(BSTE 26492)		PR 26843 e	(BSTE 26546)
PR 26819 d	(BSTE 26459)		PR 26844 d	(BSTE 26463)
PR 26820 d	(BSTE 26510)		PR 26845 e	(BSTE 26544)
PR 26821 d	(BSTE 26494)		PR 26846 d	(BSTE 26475)
PR 26822 d	(BSTE 26518)		PR 26847 d	(BSTE 26469)
PR 26823 e	(BSTE 26542)		PR 26848 d	(BSTE 26497)
PR 26824 d	(BSTE 26537)		PR 26849 d	(BSTE 26487)
PR 26825 d	(BSTE 26486)		PR 26850 d	(BSTE 26533)

27000-27009 BOGIE BOX INNER JNA
Design Code: JN046B.
Builder: Procor, Wakefield, 1986-87.
Tare Weight: 25.45 t.
Maximum Speed: 50 mph.
Bogie Type: BSC Axle Motion.
Current Hirer: ARC.
Usual Workings: To and from Whatley and Tytherington.

Gross Laden Weight: 102.00 t.
Length: 12490 mm. (41 ft.)

PR 27000	PR 27002	PR 27004	PR 27006	PR 27008
PR 27001	PR 27003	PR 27005	PR 27007	PR 27009

27010-27014 BOGIE BOX INNER JNA
Design Code: JN046C.
Builder: Procor, Wakefield, 1986-87.
Tare Weight: 25.40 t.
Maximum Speed: 50 mph.
Bogie Type: BSC Axle Motion.
Current Hirer: ARC.
Usual Workings: To and from Whatley and Tytherington.

Gross Laden Weight: 102.00 t.
Length: 12490 mm. (41 ft.)

PR 27010   PR 27011   PR 27012   PR 27013   PR 27014

27015-27016 BOGIE BOX OUTER JNA
Design Code: JN046A.
Builder: Procor, Wakefield, 1986.
Tare Weight: 25.50 t.
Maximum Speed: 50 mph.
Bogie Type: Schlierien M25T.
Current Hirer: ARC.
Usual Workings: To and from Whatley and Tytherington.

Gross Laden Weight: 102.00 t.
Length: 12560 mm. (41 ft. 2 in.)

PR 27015   PR 27016

28000-28004 BOGIE SIDE TIPPLER JQA
Design Code: JQ005A.
Builder: Standard Wagon, Heywood, 1985.
Tare Weight: 28.00 t.
Maximum Speed: 60 mph.
Bogie Type: Sambre et Meuse Y25.
Usual Working: Between Ferryhill and Montrose.

Gross Laden Weight: 88.00 t.
Length: 14000 mm. (45 ft. 11 in.)

THOM 28000   THOM 28001   THOM 28002   THOM 28003   THOM 28004

28009-28012 BOGIE SIDE TIPPLER JQA
Design Code: JQ005B.
Builder: Standard Wagon, Heywood, 1986-88.
Tare Weight: 27.50 t.
Maximum Speed: 60 mph.
Bogie Type: Sambre et Meuse Y25.
Notes: Currently stored at Goole Yard.

Gross Laden Weight: 90.00 t.
Length: 14000 mm. (45 ft. 11 in.)

BBC 28009   BBC 28010   BBC 28011   BBC 28012

JTA REDA 28100 (Des. Code JT006A) at Heywood 16.07.88 (R. Wallace)

PCA BAHS 55539 (Des. Code PC020A) at Carlisle 02.91 (A. Marshall)

28100   IN LINE BOGIE TIPPLER   JTA

Design Code: JT006A.
Builder: Standard Wagon, Heywood, 1987.
Tare Weight: 24.40 t.   **Gross Laden Weight:** 101.00 t.
Maximum Speed: 60 mph.   **Length:** 16192 mm. (53 ft. 1 in.)
Bogie Type: Gloucester GPS.
Notes: Previously owned by Redland Aggregates. Owned by Powell Duffryn. Currently stored at Heywood.

SRW 28100

55531-55573   POWDER   PCA

Design Code: PC020A.
Builder: Powell Duffryn, Cardiff, 1987-8.
Tare Weight: 13.00 t.   **Gross Laden Weight:** 45.00 t.
Maximum Speed: 60 mph.   **Length:** 9640 mm. (31 ft. 8 in.)
Suspension: FAT26 Parabolic Springs, UIC Double Link.
Usual Workings: Between Blyth and Fort William.

BAHS 55531	BAHS 55540	BAHS 55549	BAHS 55558	BAHS 55566
BAHS 55532	BAHS 55541	BAHS 55550	BAHS 55559	BAHS 55567
BAHS 55533	BAHS 55542	BAHS 55551	BAHS 55560	BAHS 55568
BAHS 55534	BAHS 55543	BAHS 55552	BAHS 55561	BAHS 55569
BAHS 55535	BAHS 55544	BAHS 55553	BAHS 55562	BAHS 55570
BAHS 55536	BAHS 55545	BAHS 55554	BAHS 55563	BAHS 55571
BAHS 55537	BAHS 55546	BAHS 55555	BAHS 55564	BAHS 55572
BAHS 55538	BAHS 55547	BAHS 55556	BAHS 55565	BAHS 55573
BAHS 55539	BAHS 55548	BAHS 55557		

74030-74044   CEMENT   PCA

Design Code: PC017C.
Builder: Fauvet-Girel, France, 1985.
Tare Weight: 12.80 t.   **Gross Laden Weight:** 51.00 t.
Maximum Speed: 60 mph.   **Length:** 8255 mm. (27 ft. 1 in.)
Suspension: Gloucester Floating Axle.
Notes: Currently stored at Cambridge and Healey Mills.

STS 74030	STS 74033	STS 74036	STS 74039	STS 74042
STS 74031	STS 74034	STS 74037	STS 74040	STS 74043
STS 74032	STS 74035	STS 74038	STS 74041	STS 74044

90000-90091   CARTIC-4 SETS   PJA

Design Codes: See below.
Builder: Rootes Pressings, Linwood, 1966-67.
Tare Weight: 67.00 t.   **Gross Laden Weight:** 94.60 t.
Maximum Speed: 75 mph.   **Length:** 61000 mm. (200 ft. 2 in.)
Bogie Type: Secondary Coil.
Notes: Articulated four vehicle sets formed:
a   PJ006A + PJ006B + PJ006C + PJ006A
b   PJ007A + PJ007B + PJ007C + PJ007A
g   PJ001G + PJ001H + PJ001J + PJ001G
h   PJ006G + PJ006H + PJ006J + PJ006G
j   PJ007G + PJ007H + PJ007J + PJ007G
Usual Workings: Used for motor vehicle deliveries throughout the UK.

Set No	Wagon Formations			
401 h	MAT 90000	MAT 90001	MAT 90002	MAT 90003
402 h	MAT 90004	MAT 90005	MAT 90006	MAT 90007
403 a	MAT 90008	MAT 90009	MAT 90010	MAT 90011

Set No.				
404 h	MAT 90012	MAT 90013	MAT 90014	MAT 90015
405 j	MAT 90016	MAT 90017	MAT 90018	MAT 90019
406 h	MAT 90020	MAT 90021	MAT 90022	MAT 90023
407 h	MAT 90024	MAT 90025	MAT 90026	MAT 90027
408 h	MAT 90028	MAT 90029	MAT 90030	MAT 90031
409 j	MAT 90032	MAT 90033	MAT 90034	MAT 90035
410 h	MAT 90036	MAT 90037	MAT 90038	MAT 90039
411 j	MAT 90040	MAT 90041	MAT 90042	MAT 90043
412 j	MAT 90044	MAT 90045	MAT 90046	MAT 90047
413 h	MAT 90048	MAT 90049	MAT 90050	MAT 90051
414 j	MAT 90052	MAT 90053	MAT 90054	MAT 90055
415 h	MAT 90056	MAT 90057	MAT 90058	MAT 90059
416 h	MAT 90060	MAT 90061	MAT 90062	MAT 90063
417 h	MAT 90064	MAT 90065	MAT 90066	MAT 90067
418 g	MAT 90068	MAT 90069	MAT 90070	MAT 90071
419 j	MAT 90072	MAT 90073	MAT 90074	MAT 90075
420 g	MAT 90076	MAT 90077	MAT 90078	MAT 90079
421 b	MAT 90080	MAT 90081	MAT 90082	MAT 90083
422 h	MAT 90084	MAT 90085	MAT 90086	MAT 90087
423 h	MAT 90088	MAT 90089	MAT 90090	MAT 90091

90092-90159   CARTIC-4 SETS   PJA

Design Code: See below.
Builder: Standard Wagon, Heywood, 1970.
Tare Weight: 67.00 t.
Maximum Speed: 75 mph.
Bogie Type: Secondary Coil.
Gross Laden Weight: 94.60 t.
Length: 61000 mm. (200 ft. 2 in.)
Notes: Articulated four vehicle sets formed:
b PJ007A + PJ007B + PJ007C + PJ007A
d PJ006D + PJ006E + PJ006F + PJ006D
g PJ001G + PJ001H + PJ001J + PJ001G
x PJ001X + PJ001Y + PJ001Z + PJ001X
y PJ006X + PJ006Y + PJ006Z + PJ006X
Usual Workings: Used for motor vehicle deliveries throughout the UK.

Set No.	Wagon Formations			
427 g	MAT 90092	MAT 90093	MAT 90094	MAT 90095
428 g	MAT 90096	MAT 90097	MAT 90098	MAT 90099
429 y	MAT 90100	MAT 90101	MAT 90102	MAT 90103
430 g	MAT 90104	MAT 90105	MAT 90106	MAT 90107
431 y	MAT 90108	MAT 90109	MAT 90110	MAT 90111
432 g	MAT 90112	MAT 90113	MAT 90114	MAT 90115
433 g	MAT 90116	MAT 90117	MAT 90118	MAT 90119
434 g	MAT 90120	MAT 90121	MAT 90122	MAT 90123
435 g	MAT 90124	MAT 90125	MAT 90126	MAT 90127
436 g	MAT 90128	MAT 90129	MAT 90130	MAT 90131
437 g	MAT 90132	MAT 90133	MAT 90134	MAT 90135
438 d	MAT 90136	MAT 90137	MAT 90138	MAT 90139
439 g	MAT 90140	MAT 90141	MAT 90142	MAT 90143
440 g	MAT 90144	MAT 90145	MAT 90146	MAT 90147
441 x	MAT 90148	MAT 90149	MAT 90150	MAT 90151
442 b	MAT 90152	MAT 90153	MAT 90154	MAT 90155
443 y	MAT 90156	MAT 90157	MAT 90158	MAT 90159

90160-90399   CARTIC-4 SETS   PJA

Design Code: See below.
Builder: BREL, Ashford, 1971-72.
Tare Weight: 67.00 t.
Maximum Speed: 75 mph.
Gross Laden Weight: 94.60 t.
Length: 61000 mm. (200 ft. 2 in.)

Bogie Type: Secondary Coil.
Notes: Articulated four vehicle sets formed:
b PJ007A + PJ007B + PJ007C + PJ007A
d PJ006D + PJ006E + PJ006F + PJ006D
g PJ001G + PJ001H + PJ001J + PJ001G
h PJ006G + PJ006H + PJ006J + PJ006G
n PJ001N + PJ001P + PJ001Q + PJ001N
r PJ006R + PJ006S + PJ006T + PJ006R
u PJ006U + PJ006V + PJ006W + PJ006U
x PJ001X + PJ001Y + PJ001Z + PJ001X
y PJ006X + PJ006Y + PJ006Z + PJ006X
Usual Workings: Used for motor vehicle deliveries throughout the UK.

Set No.	Wagon Formations.			
444 g	MAT 90160	MAT 90161	MAT 90162	MAT 90163
445 g	MAT 90164	MAT 90165	MAT 90166	MAT 90167
446 x	MAT 90168	MAT 90169	MAT 90170	MAT 90171
447 x	MAT 90172	MAT 90173	MAT 90174	MAT 90175
448 x	MAT 90176	MAT 90177	MAT 90178	MAT 90179
449 g	MAT 90180	MAT 90181	MAT 90182	MAT 90183
450 u	MAT 90184	MAT 90185	MAT 90186	MAT 90187
451 r	MAT 90188	MAT 90189	MAT 90190	MAT 90191
452 x	MAT 90192	MAT 90193	MAT 90194	MAT 90195
453 g	MAT 90196	MAT 90197	MAT 90198	MAT 90199
454 y	MAT 90200	MAT 90201	MAT 90202	MAT 90203
455 y	MAT 90204	MAT 90205	MAT 90206	MAT 90207
456 g	MAT 90208	MAT 90209	MAT 90210	MAT 90211
457 d	MAT 90212	MAT 90213	MAT 90214	MAT 90215
458 g	MAT 90216	MAT 90217	MAT 90218	MAT 90219
459 d	MAT 90220	MAT 90221	MAT 90222	MAT 90223
460 d	MAT 90224	MAT 90225	MAT 90226	MAT 90227
461 d	MAT 90228	MAT 90229	MAT 90230	MAT 90231
462 g	MAT 90232	MAT 90233	MAT 90234	MAT 90235
463 r	MAT 90236	MAT 90237	MAT 90238	MAT 90239
464 g	MAT 90240	MAT 90241	MAT 90242	MAT 90243
465 g	MAT 90244	MAT 90245	MAT 90246	MAT 90247
466 g	MAT 90248	MAT 90249	MAT 90250	MAT 90251
467 g	MAT 90252	MAT 90253	MAT 90254	MAT 90255
468 y	MAT 90256	MAT 90257	MAT 90258	MAT 90259
469 g	MAT 90260	MAT 90261	MAT 90262	MAT 90263
470 g	MAT 90264	MAT 90265	MAT 90266	MAT 90267
471 g	MAT 90268	MAT 90269	MAT 90270	MAT 90271
472 g	MAT 90272	MAT 90273	MAT 90274	MAT 90275
473 y	MAT 90276	MAT 90277	MAT 90278	MAT 90279
474 g	MAT 90280	MAT 90281	MAT 90282	MAT 90283
475 n	MAT 90284	MAT 90285	MAT 90286	MAT 90287
476 y	MAT 90288	MAT 90289	MAT 90290	MAT 90291
477 g	MAT 90292	MAT 90293	MAT 90294	MAT 90295
478 h	MAT 90296	MAT 90297	MAT 90298	MAT 90299
479 g	MAT 90300	MAT 90301	MAT 90302	MAT 90303
480 g	MAT 90304	MAT 90305	MAT 90306	MAT 90307
481 g	MAT 90308	MAT 90309	MAT 90310	MAT 90311
482 g	MAT 90312	MAT 90313	MAT 90314	MAT 90315
483 h	MAT 90316	MAT 90317	MAT 90318	MAT 90319
484 g	MAT 90320	MAT 90321	MAT 90322	MAT 90323
485 y	MAT 90324	MAT 90325	MAT 90326	MAT 90327
486 g	MAT 90328	MAT 90329	MAT 90330	MAT 90331
487 g	MAT 90332	MAT 90333	MAT 90334	MAT 90335
488 h	MAT 90336	MAT 90337	MAT 90338	MAT 90339
489 y	MAT 90340	MAT 90341	MAT 90342	MAT 90343
490 g	MAT 90344	MAT 90345	MAT 90346	MAT 90347
491 g	MAT 90348	MAT 90349	MAT 90350	MAT 90351

PJA Cartic-4 Set 413 at Dover Yard 01.05.85 (R. Wallace)

PJA MAT 90236 (Des. Code PJ006R) at Radyr Yard 26.04.87 (R. Wallace)

492 d	MAT 90352	MAT 90353	MAT 90354	MAT 90355
493 g	MAT 90356	MAT 90357	MAT 90358	MAT 90359
494 y	MAT 90360	MAT 90361	MAT 90362	MAT 90363
495 g	MAT 90364	MAT 90365	MAT 90366	MAT 90367
496 g	MAT 90368	MAT 90369	MAT 90370	MAT 90371
497 g	MAT 90372	MAT 90373	MAT 90374	MAT 90375
498 h	MAT 90376	MAT 90377	MAT 90378	MAT 90379
499 h	MAT 90380	MAT 90381	MAT 90382	MAT 90383
500 h	MAT 90384	MAT 90385	MAT 90386	MAT 90387
501 h	MAT 90388	MAT 90389	MAT 90390	MAT 90391
502 b	MAT 90392	MAT 90393	MAT 90394	MAT 90395
503 h	MAT 90396	MAT 90397	MAT 90398	MAT 90399

90420-90543　　　　CARTIC-4 SETS　　　　PJA

Design Code: See below.
Builder: Rootes Pressings, Linwood, 1966-67.
Tare Weight: a 68.60 t; b 63 t.　　**Gross Laden Weight:** 101.60 t.
Maximum Speed: 75 mph.　　**Length:** 61000 mm. (200 ft. 2 in.)
Bogie Type: Secondary Coil.
Notes: Articulated four vehicle sets formed
a PJ005A + PJ005B + PJ005C + PJ005A.
b PJ003A + PJ003B + PJ003C + PJ003A.
Usual Workings: To and from Dagenham and Halewood.

Set No	Wagon Formations			
0001 a	SILC 90420	SILC 90421	SILC 90422	SILC 90423
0002 a	SILC 90424	SILC 90425	SILC 90426	SILC 90427
0003 a	SILC 90428	SILC 90429	SILC 90430	SILC 90431
0004 a	SILC 90432	SILC 90433	SILC 90434	SILC 90435
0005 a	SILC 90436	SILC 90437	SILC 90438	SILC 90439
0006 a	SILC 90440	SILC 90441	SILC 90442	SILC 90443
0007 a	SILC 90444	SILC 90445	SILC 90446	SILC 90447
0008 a	SILC 90448	SILC 90449	SILC 90450	SILC 90451
0009 a	SILC 90452	SILC 90453	SILC 90454	SILC 90455
0010 a	SILC 90456	SILC 90457	SILC 90458	SILC 90459
0011 a	SILC 90460	SILC 90461	SILC 90462	SILC 90463
0012 a	SILC 90464	SILC 90465	SILC 90466	SILC 90467
0013 a	SILC 90468	SILC 90469	SILC 90470	SILC 90471
0014 a	SILC 90472	SILC 90473	SILC 90474	SILC 90475
0015 b	SILC 90476	SILC 90477	SILC 90478	SILC 90479
0016 a	SILC 90480	SILC 90481	SILC 90482	SILC 90483
0017 a	SILC 90484	SILC 90485	SILC 90486	SILC 90487
0018 a	SILC 90488	SILC 90489	SILC 90490	SILC 90491
0019 a	SILC 90492	SILC 90493	SILC 90494	SILC 90495
0020 a	SILC 90496	SILC 90497	SILC 90498	SILC 90499
0021 a	SILC 90500	SILC 90501	SILC 90502	SILC 90503
0022 a	SILC 90504	SILC 90505	SILC 90506	SILC 90507
0023 a	SILC 90508	SILC 90509	SILC 90510	SILC 90511
0024 a	SILC 90512	SILC 90513	SILC 90514	SILC 90515
0025 a	SILC 90516	SILC 90517	SILC 90518	SILC 90519
0026 a	SILC 90520	SILC 90521	SILC 90522	SILC 90523
0027 a	SILC 90524	SILC 90525	SILC 90526	SILC 90527
0028 a	SILC 90528	SILC 90529	SILC 90530	SILC 90531
0029 a	SILC 90532	SILC 90533	SILC 90534	SILC 90535
0030 a	SILC 90536	SILC 90537	SILC 90538	SILC 90539
0031 a	SILC 90540	SILC 90541	SILC 90542	SILC 90543

90872-90907 BOGIE CAR TRANSPORTER JLA

Design Code: JL001A or JL001B.
Builder: Procor, Wakefield, 1979-81 or *1981-82.
Tare Weight: 25.00 t. **Gross Laden Weight:** 37.00 t.
Maximum Speed: 75 mph. **Length:** 24204 mm. (79 ft. 5 in.)
Bogie Type: Sambre et Meuse VNH1.
Notes: PR 90872-82 are currently stored.
Usual Workings: Used for motor vehicle deliveries throughout the UK.

PR 90872 a	PR 90880 a	TOLD 90887 b	TOLD 90894 b	TOLD 90901 b
PR 90873 a	PR 90881 a	TOLD 90888 b	TOLD 90895 b	TOLD 90902 b
PR 90874 a	PR 90882 a	TOLD 90889 b	TOLD 90896 b	TOLD 90903 b
PR 90875 a	TOLD 90883 b	TOLD 90890 b	TOLD 90897 b	TOLD 90904 b
PR 90876 a	TOLD 90884 b	TOLD 90891 b	TOLD 90898 b	TOLD 90905 b
PR 90877 a	TOLD 90885 b	TOLD 90892 b	TOLD 90899 b	TOLD 90906 b
PR 90878 a	TOLD 90886 b	TOLD 90893 b	TOLD 90900 b	TOLD 90907 b
PR 90879 a				

91000-91029 FLAT PFA

Design Code: PF008A.
Builder: BREL, Shildon, 1983.
Tare Weight: 13.55 t. **Gross Laden Weight:** 46.05 t.
Maximum Speed: 75 mph. **Length:** 11582 mm. (38 ft.)
Suspension: FAT24 Taperleaf.
Notes: Converted from OBA built 1978-9 (former numbers in brackets).
Usual Workings: Between Sellafield and Drigg.

BNFL 91000	(110624)	BNFL 91015	(110500)
BNFL 91001	(110486)	BNFL 91016	(110501)
BNFL 91002	(110487)	BNFL 91017	(110502)
BNFL 91003	(110488)	BNFL 91018	(110503)
BNFL 91004	(110489)	BNFL 91019	(110504)
BNFL 91005	(110490)	BNFL 91020	(110505)
BNFL 91006	(110491)	BNFL 91021	(110506)
BNFL 91007	(110492)	BNFL 91022	(110507)
BNFL 91008	(110493)	BNFL 91023	(110508)
BNFL 91009	(110494)	BNFL 91024	(110509)
BNFL 91010	(110495)	BNFL 91025	(110510)
BNFL 91011	(110496)	BNFL 91026	(110511)
BNFL 91012	(110497)	BNFL 91027	(110512)
BNFL 91013	(110498)	BNFL 91028	(110513)
BNFL 91014	(110499)	BNFL 91029	(110514)

91200 FLAT PFW

Design Code: PF033A.
Builder:
Tare Weight: 12.00 t. **Gross Laden Weight:** 29.00 t.
Maximum Speed: 60 mph. **Length:** 10972 mm. (36 ft.)
Suspension:
Usual Workings: Local workings at Didcot.

GWS 91200   (DW 100682)

92000-92111 3 AXLE AUTIC PQA

Design Code: PQ001A/B, PQ001C/D, PQ001E/F or PQ001G/H.
Builder: Société Nouvelle des Ateliers, De Venissieux, France, 1981.
Tare Weight: 13.55 t. **Gross Laden Weight:** 21.55 t.
Maximum Speed: 75 mph. **Length:** 13500 mm. (44 ft. 3 in.)
Suspension: Double Link.
Notes: Articulated in pairs.

Current Hirers: MAT; Carter.
Usual Workings: (MAT) Between Bordesley and Dover; (Carter) To and from Queenborough.

RLS 92000	RLS 92001 e	RLS 92084	RLS 92085 c
RLS 92002	RLS 92003 a	RLS 92086	RLS 92087 c
RLS 92004	RLS 92005 a	RLS 92088	RLS 92089 c
RLS 92006	RLS 92007 a	RLS 92090	RLS 92091 c
RLS 92008	RLS 92009 a	RLS 92092	RLS 92093 c
RLS 92010	RLS 92011 a	RLS 92094	RLS 92095 c
RLS 92012	RLS 92013 a	RLS 92096	RLS 92097 c
RLS 92014	RLS 92015 a	RLS 92098	RLS 92099 g
RLS 92072	RLS 92073 c	RLS 92100	RLS 92101 c
RLS 92074	RLS 92075 c	RLS 92102	RLS 92103 c
RLS 92076	RLS 92077 c	RLS 92104	RLS 92105 g
RLS 92078	RLS 92079 g	RLS 92106	RLS 92107 g
RLS 92080	RLS 92081 c	RLS 92108	RLS 92109 g
RLS 92082	RLS 92083 c	RLS 92110	RLS 92111 c

92300-92345   3 AXLE COMTIC   PKA

Design Code: PK001C/D.
Builder: Société Nouvelle des Ateliers De Venissieux, France, 1981. (92300-29) or Fauvet-Girel, France 1983 (92330-45).
Tare Weight: 9.90 t.   **Gross Laden Weight:** 24.00 t.
Maximum Speed: 75 mph.   **Length:** 12500 mm. (41 ft.)
Suspension: FAT 29.
Notes: Work in pairs. 92302-29 are expected to be renumbered in the ferry wagon series in the near future.
Current Hirers: MAT (92302-29); Silcock & Colling (92300/1/32-45).
Usual Workings: (MAT) Between Bordesley and Dover; (Silcock) To and from Dagenham.

RLS 92300	RLS 92301	RLS 92324	RLS 92325
RLS 92302	RLS 92303	RLS 92328	RLS 92329
RLS 92304	RLS 92305	RLS 92332	RLS 92333
RLS 92306	RLS 92307	RLS 92334	RLS 92335
RLS 92308	RLS 92309	RLS 92336	RLS 92337
RLS 92310	RLS 92311	RLS 92338	RLS 92339
RLS 92312	RLS 92313	RLS 92340	RLS 92341
RLS 92316	RLS 92317	RLS 92342	RLS 92343
RLS 92320	RLS 92321	RLS 92344	RLS 92345
RLS 92322	RLS 92323		

92500-92509   BOGIE FLAT   KFA

Design Code: KF007A.
Builder: Remafer, Rheims, France, 1981.
Tare Weight: 19.00 t.   **Gross Laden Weight:** 80.00 t.
Maximum Speed: 60 mph.   **Length:** 20618 mm. (67 ft. 8 in.)
Bogie Type: Sambre et Meuse VNH1.
Usual Workings: Between Manchester Area and Appley Bridge.

GMC 92500	GMC 92502	GMC 92504	GMC 92506	GMC 92508
GMC 92501	GMC 92503	GMC 92505	GMC 92507	GMC 92509

92510-92540   BOGIE FLAT   KFA

Design Code: KF007B.
Builder: Standard Wagon, Heywood, 1982.
Tare Weight: 20.00 t.   **Gross Laden Weight:** 80.00 t.
Maximum Speed: 75 mph.   **Length:** 20470 mm. (67 ft. 2 in.)
Bogie Type: Sambre et Meuse VNH1.
Usual Workings: Between Manchester Area and Appley Bridge.

KFA GMC 92504 (Des. Code KF007A) at Northwich 03.88 (A. Marshall)

KJA REDA 92545 (Des. Code KJ049A) at Mountsorrel 19.06.88 (R. Wallace)

GMC 92510	GMC 92516	GMC 92522	GMC 92529	GMC 92535
GMC 92511	GMC 92517	GMC 92523	GMC 92530	GMC 92536
GMC 92512	GMC 92518	GMC 92524	GMC 92531	GMC 92538
GMC 92513	GMC 92519	GMC 92525	GMC 92532	GMC 92539
GMC 92514	GMC 92520	GMC 92526	GMC 92533	GMC 92540
GMC 92515	GMC 92521	GMC 92528	GMC 92534	

92541-92542 BOGIE FLAT KFA

Design Code: KF007C or KF007E.
Builder: Standard Wagon, Heywood, 1985.
Tare Weight: 20.00 t. **Gross Laden Weight:** 80.00 t.
Maximum Speed: 75 mph. **Length:** 20535 mm. (67 ft. 4 in.)
Bogie Type: Sambre et Meuse VNH1.
Usual Workings: Between Manchester Area and Appley Bridge.

GMC 92541 c   GMC 92542 e

92543-92544 BOGIE FLAT KFA

Design Code: KF010A.
Builder: Standard Wagon, Heywood, 1985.
Tare Weight: 19.90 t. **Gross Laden Weight:** 82.00 t.
Maximum Speed: 75 mph. **Length:** 20535 mm. (67 ft. 4 in.)
Bogie Type: Sambre et Meuse VNH1.
Notes: 92543 is currently stored.
Current Hirer: (92544) Charterail.
Usual Workings: Between Melton Mowbray, Trafford Park and Deanside.

RLS 92543   RLS 92544

92545-92546 UNLOADING STATION KJA

Design Code: KJ049A.
Builder: Standard Wagon, Heywood, 1985.
Tare Weight: 28.20 t. **Gross Laden Weight:** 28.20 t.
Maximum Speed: 60 mph. **Length:** 20535 mm. (67 ft. 4 in.)
Bogie Type: Sambre et Meuse VNH1.
Notes: Converted 1988 from PFA. Work with SDT vehicles REDA 16000-309.
Usual Workings: Between Mountsorrel and Banbury, Broxbourne, Cambridge, Chelmsford, Colchester, Cricklewood and Stevenage.

REDA 92545   (RLS 92545)   REDA 92546   (RLS 92546)

92547-92550 BOGIE FLAT KFA

Design Code: KF010A.
Builder: Standard Wagon, Heywood, 1985.
Tare Weight: 19.90 t. **Gross Laden Weight:** 82.00 t.
Maximum Speed: 75 mph. **Length:** 20535 mm. (67 ft. 4 in.)
Bogie Type: Sambre et Meuse VNH1.
Notes: On hire to Charterail.
Usual Workings: Between Melton Mowbray, Trafford Park and Deanside.

RLS 92547   RLS 92548   RLS 92549   RLS 92550

92551-92562 BOGIE FLAT KFA

Design Code: KF010A
Builder: Standard Wagon, Heywood, 1985.

KFA AVON 92563 (Des. Code KF007A) at Bristol Parkway 04.88 (A. Marshall)

PFA BRT 92603 (Des. Code PF008B) at Tees Yard 20.09.87 (R. Wallace)

81

Tare Weight: 24.40 t.
Maximum Speed: 75 mph.
Bogie Type: Sambre et Meuse VNH1.
Gross Laden Weight: 82.00 t.
Length: 20535 mm. (67 ft. 4 in.)
Notes: Built 1985 as PFA. Converted 1986 to JSA. Converted to KFA 1991, new design code not known.
Current Hirer: Charterail (92555-57/61).
Usual Workings: (Charterail) Between Melton Mowbray, Trafford Park and Deanside.

RLS 92551	RLS 92554	RLS 92557	RLS 92559	RLS 92561
RLS 92552	RLS 92555	RLS 92558	RLS 92560	RLS 92562
RLS 92553	RLS 92556			

92563-92579   BOGIE FLAT   KFA
Design Code: KF007D.
Builder: Powell Duffryn, Cardiff, 1985.
Tare Weight: 19.00 t.
Maximum Speed: 75 mph.
Bogie Type: Sambre et Meuse VNH1.
Gross Laden Weight: 80.00 t.
Length: 20535 mm. (67 ft. 4 in.)
Notes: Currently awaiting repairs at RFS Doncaster.
Usual Workings: Between Bristol/Bath and Calvert.

AVON 92563	AVON 92567	AVON 92571	AVON 92574	AVON 92577
AVON 92564	AVON 92568	AVON 92572	AVON 92575	AVON 92578
AVON 92565	AVON 92569	AVON 92573	AVON 92576	AVON 92579
AVON 92566	AVON 92570			

92580-92588   BOGIE FLAT   KFA
Design Code: KF007B.
Builder: Standard Wagon, Heywood, 1986.
Tare Weight: 20.00 t.
Maximum Speed: 75 mph.
Bogie Type: Gloucester GPS.
Gross Laden Weight: 80.00 t.
Length: 20535 mm. (67 ft. 4 in.)
Usual Workings: Between Manchester Area and Appley Bridge.

GMC 92580	GMC 92582	GMC 92584	GMC 92586	GMC 92588
GMC 92581	GMC 92583	GMC 92585	GMC 92587	

92600-92601   FLAT   PFA
Design Code: PF032A.
Builder: Procor, Wakefield, 1986.
Tare Weight: 10.60 t.
Maximum Speed: 60 mph.
Gross Laden Weight: 40.00 t.
Length: 9626 mm. (31 ft. 7 in.)
Suspension: FAT26 Double Link and Taper Leaf Springs.
Notes: Converted from PFA (former numbers in brackets).
Current Hirer: Trans Manche Link.
Usual Workings: At Shakespeare Cliff.

BRT 92600	(BRT 95063)	BRT 92601	(BRT 95057)

92603-92609   FLAT   PFA
Design Code: PF008B.
Builder: Procor, Wakefield, 1986.
Tare Weight: 10.70 t.
Maximum Speed: 60 mph.
Gross Laden Weight: 46.00 t.
Length: 8806 mm. (28 ft. 11 in.)
Suspension: Double Link and Parabolic Springs.
Notes: Converted from TTA (former numbers in brackets).
Current Hirer: Trans Manche Link.
Usual Workings: At Shakespeare Cliff.

BRT 92603	(BRT 57806)	BRT 92607	(BRT 57804)
BRT 92604	(BRT 57821)	BRT 92608	(BRT 57778)
BRT 92605	(BRT 57775)	BRT 92609	(BRT 57801)
BRT 92606	(BRT 57817)		

92610-92634   BOGIE FLAT   KFA

Design Code: KF010A.
Builder: Standard Wagon, Heywood, 1985.
Tare Weight: 19.90 t.   **Gross Laden Weight:** 82.00 t.
Maximum Speed: 75 mph.   **Length:** 20535 mm. (67 ft. 4 in.)
Bogie Type: Sambre et Meuse VNH1.
Current Hirers: Charterail; Avon County Council.
Usual Workings: (Charterail) Between Melton Mowbray, Trafford Park and Deanside; (Avon) Between Bristol/Bath and Calvert.

RLS 92610	RLS 92615	RLS 92620	RLS 92625	RLS 92630
RLS 92611	RLS 92616	RLS 92621	RLS 92626	RLS 92631
RLS 92612	RLS 92617	RLS 92622	RLS 92627	RLS 92632
RLS 92613	RLS 92618	RLS 92623	RLS 92628	RLS 92633
RLS 92614	RLS 92619	RLS 92624	RLS 92629	RLS 92634

92635   UNLOADING STATION   KJA

Design Code: KJ049A.
Builder: Standard Wagon, Heywood, 1985.
Tare Weight: 28.20 t.   **Gross Laden Weight:** 28.20 t.
Maximum Speed: 60 mph.   **Length:** 20535 mm. (67 ft. 4 in.)
Bogie Type: Sambre et Meuse VNH1.
Notes: Converted 1989 from PFA. Work with SDT vehicles REDA 16000-309.
Usual Workings: Between Mountsorrel and Banbury, Broxbourne, Cambridge, Chelmsford, Colchester, Cricklewood and Stevenage.

REDA 92635   (RLS 92635)

92636-92651   BOGIE FLAT   KFA

Design Code: KF010A.
Builder: Standard Wagon, Heywood, 1988.
Tare Weight: 26.25 t.   **Gross Laden Weight:** 81.95 t.
Maximum Speed: 75 mph.   **Length:** 20535 mm. (67 ft. 4 in.)
Bogie Type: Sambre et Meuse VNH1.
Notes: Originally built as PFA. Converted to PNA in 1988, and to KFA 1991.
Usual Workings: All currently stored.

RLS 92636	RLS 92640	RLS 92643	RLS 92646	RLS 92649
RLS 92637	RLS 92641	RLS 92644	RLS 92647	RLS 92650
RLS 92638	RLS 92642	RLS 92645	RLS 92648	RLS 92651
RLS 92639				

92690-92702   FLAT   PFA

Design Code: PF008B.
Builder: Procor, Wakefield, 1986.
Tare Weight: 10.70 t.   **Gross Laden Weight:** 46.00 t.
Maximum Speed: 60 mph.   **Length:** 8806 mm. (28 ft. 11 in.)
Suspension: Parabolic Springs.
Notes: Converted from TTA (former numbers in brackets).
Current Hirer: Trans Manche Link.
Usual Workings: At Shakespeare Cliff.

PR 92690	(BRT 57751)		PR 92695	(BRT 57763)	
PR 92691	(BRT 57752)		PR 92696	(BRT 57766)	
PR 92692	(BRT 57753)		PR 92697	(BRT 57785)	
PR 92693	(BRT 57756)		PR 92698	(BRT 57788)	
PR 92694	(BRT 57758)		PR 92699	(BRT 57796)	
PR 92700	(BRT 57808)		PR 92702	(BRT 57819)	
PR 92701	(BRT 57814)				

92703-92874　　　　　　　FLAT　　　　　　　　　　　　PFA

Design Code: PF012A.
Builder: Standard Wagon, Heywood, 1986-88.
Tare Weight: 10.50 t.　　　　　　　　　　**Gross Laden Weight:** 41.00 t.
Maximum Speed: 60 mph.　　　　　　　**Length:** 8280 mm. (27 ft. 2 in.)
Suspension: FAT28 Parabolic.
Usual Workings: Between South Wales/Blyth and Ellesmere Port.

CAWD 92703	CAWD 92738	CAWD 92773	CAWD 92807	CAWD 92841	
CAWD 92704	CAWD 92739	CAWD 92774	CAWD 92808	CAWD 92842	
CAWD 92705	CAWD 92740	CAWD 92775	CAWD 92809	CAWD 92843	
CAWD 92706	CAWD 92741	CAWD 92776	CAWD 92810	CAWD 92844	
CAWD 92707	CAWD 92742	CAWD 92777	CAWD 92811	CAWD 92845	
CAWD 92708	CAWD 92743	CAWD 92778	CAWD 92812	CAWD 92846	
CAWD 92709	CAWD 92744	CAWD 92779	CAWD 92813	CAWD 92847	
CAWD 92710	CAWD 92745	CAWD 92780	CAWD 92814	CAWD 92848	
CAWD 92711	CAWD 92746	CAWD 92781	CAWD 92815	CAWD 92849	
CAWD 92712	CAWD 92747	CAWD 92782	CAWD 92816	CAWD 92850	
CAWD 92713	CAWD 92748	CAWD 92783	CAWD 92817	CAWD 92851	
CAWD 92714	CAWD 92749	CAWD 92784	CAWD 92818	CAWD 92852	
CAWD 92715	CAWD 92750	CAWD 92785	CAWD 92819	CAWD 92853	
CAWD 92716	CAWD 92751	CAWD 92786	CAWD 92820	CAWD 92854	
CAWD 92717	CAWD 92752	CAWD 92787	CAWD 92821	CAWD 92855	
CAWD 92718	CAWD 92753	CAWD 92788	CAWD 92822	CAWD 92856	
CAWD 92719	CAWD 92754	CAWD 92789	CAWD 92823	CAWD 92857	
CAWD 92720	CAWD 92755	CAWD 92790	CAWD 92824	CAWD 92858	
CAWD 92721	CAWD 92756	CAWD 92791	CAWD 92825	CAWD 92859	
CAWD 92722	CAWD 92757	CAWD 92792	CAWD 92826	CAWD 92860	
CAWD 92723	CAWD 92758	CAWD 92793	CAWD 92827	CAWD 92861	
CAWD 92724	CAWD 92759	CAWD 92794	CAWD 92828	CAWD 92862	
CAWD 92725	CAWD 92760	CAWD 92795	CAWD 92829	CAWD 92863	
CAWD 92726	CAWD 92761	CAWD 92796	CAWD 92830	CAWD 92864	
CAWD 92727	CAWD 92762	CAWD 92797	CAWD 92831	CAWD 92865	
CAWD 92728	CAWD 92763	CAWD 92798	CAWD 92832	CAWD 92866	
CAWD 92729	CAWD 92764	CAWD 92799	CAWD 92833	CAWD 92867	
CAWD 92730	CAWD 92765	CAWD 92800	CAWD 92834	CAWD 92868	
CAWD 92731	CAWD 92766	CAWD 92801	CAWD 92835	CAWD 92869	
CAWD 92732	CAWD 92767	CAWD 92802	CAWD 92836	CAWD 92870	
CAWD 92733	CAWD 92768	CAWD 92803	CAWD 92837	CAWD 92871	
CAWD 92734	CAWD 92769	CAWD 92804	CAWD 92838	CAWD 92872	
CAWD 92735	CAWD 92770	CAWD 92805	CAWD 92839	CAWD 92873	
CAWD 92736	CAWD 92771	CAWD 92806	CAWD 92840	CAWD 92874	
CAWD 92737	CAWD 92772				

92953-92963　　　　　BOGIE COIL FLAT　　　　　　　KFA

Design Code: KF013A.
Builder: Powell Duffryn, Cardiff, 1986.
Tare Weight: 19.15 t.　　　　　　　　　**Gross Laden Weight:** 96.45 t.
Maximum Speed: 45 mph.　　　　　　**Length:** 14348 mm. (47 ft. 1 in.)
Bogie Type: ESC Cast Steel.
Notes: Built using former TEA underframes (former numbers in brackets).

KJA F 93100 (Des. Code KJ036A) at Cricklewood 04.89 (A. Marshall)

PFA PR 93223 (Des. Code PF012D) at Horbury 07.87 (A. Marshall)

85

Current Hirer: Isis-Link.
Usual Workings: Between Llanwern and Ebbw Vale or between Boston Docks and the West Midlands.

RLS 92953	(SUKO 83603)	RLS 92959	(SUKO 83220)
RLS 92954	(SUKO 83628)	RLS 92960	(SUKO 83221)
RLS 92955	(SUKO 83240)	RLS 92961	(SUKO 83759)
RLS 92956	(SUKO 83335)	RLS 92962	(SUKO 83542)
RLS 92957	(SUKO 83638)	RLS 92963	(SUKO 83635)
RLS 92958	(SUKO 83641)		

93000   FLAT   KAA

Design Code: KA006A.
Builder: BREL, Shildon, 1981.
Tare Weight: 12.00 t.   **Gross Laden Weight:** 41.00 t.
Maximum Speed: 75 mph.   **Length:** 8864 mm. (29 ft. 1 in.)
Suspension: FAT7f Long Link.
Notes: Currently stored at Motherwell pending disposal.

F 93000

93100   CONTAINER UNLOADER   KJA

Design Code: KJ036A.
Builder: R. Blatchford, 1984.
Tare Weight: 74.60 t.   **Gross Laden Weight:** 74.60 t.
Maximum Speed: 75 mph.   **Length:** 22460 mm. (73 ft. 8 in.)
Bogie Type: Gloucester GPS.
Usual Workings: Currently at Willesden South West sidings.

F 93100

93200   FLAT   PFA

Design Code: PF011A.
Builder: Procor, Wakefield, 1986.
Tare Weight: 10.50 t.   **Gross Laden Weight:** 36.00 t.
Maximum Speed: 60 mph.   **Length:** 8012 mm. (26 ft. 3 in.)
Suspension: FAT26 Parabolic 2 Link.
Notes: Stored at Horbury.

PR 93200

93201-93240   FLAT   PFA

Design Code: PF012D.
Builder: Procor, Wakefield, 1987.
Tare Weight: 11.28 t.   **Gross Laden Weight:** 40.98 t.
Maximum Speed: 60 mph.   **Length:** 8012 mm. (26 ft. 3 in.)
Suspension: FAT28 Parabolic 1 Link.
Current Hirer: Kelly.
Usual Workings: To and from Swansea Docks.

PR 93201	PR 93209	PR 93217	PR 93225	PR 93233
PR 93202	PR 93210	PR 93218	PR 93226	PR 93234
PR 93203	PR 93211	PR 93219	PR 93227	PR 93235
PR 93204	PR 93212	PR 93220	PR 93228	PR 93236
PR 93205	PR 93213	PR 93221	PR 93229	PR 93237
PR 93206	PR 93214	PR 93222	PR 93230	PR 93238
PR 93207	PR 93215	PR 93223	PR 93231	PR 93239
PR 93208	PR 93216	PR 93224	PR 93232	PR 93240

93242-93281 BOGIE FLAT KFA/JJA

Design Code: KF010B or JJ047B*.
Builder: Rautaruukki, Oulu, Finland, 1987-88.
Tare Weight: 19.50 t or * 21.55 t.
Gross Laden Weight: 82.00 or * 81.95 t.
Maximum Speed: 75 mph.
Length: 21535 mm. (70 ft. 8 in.)
Bogie Type: Gloucester GPS.
Notes: * Fitted with bolsters for use as a steel carrier (JJA).
Current Hirer: (34 vehicles) Shanks and McEwan.
Usual Workings: (Shanks) Between Chatham Docks and Stewartby.

TIPH 93242 b	TIPH 93250 b	TIPH 93258 b	TIPH 93266 b	TIPH 93274 b	
TIPH 93243 b	TIPH 93251 b	TIPH 93259 b	TIPH 93267 b	TIPH 93275 b	
TIPH 93244 b	TIPH 93252 b	TIPH 93260 b	TIPH 93268 b	TIPH 93276 b	
TIPH 93245 *	TIPH 93253 b	TIPH 93261 b	TIPH 93269 b	TIPH 93277 b	
TIPH 93246 b	TIPH 93254 b	TIPH 93262 b	TIPH 93270 b	TIPH 93278 b	
TIPH 93247 b	TIPH 93255 b	TIPH 93263 b	TIPH 93271 b	TIPH 93279 b	
TIPH 93248 b	TIPH 93256 b	TIPH 93264 b	TIPH 93272 b	TIPH 93280 b	
TIPH 93249 b	TIPH 93257 b	TIPH 93265 b	TIPH 93273 b	TIPH 93281 b	

93282-93289 BOGIE FLAT KFA

Design Code: KF013B.
Builder: Powell Duffryn, Cardiff, 1987.
Tare Weight: 29.40 t.
Gross Laden Weight: 96.50 t.
Maximum Speed: 60 mph.
Length: 14348 mm. (47 ft. 1 in.)
Bogie Type: Sambre et Meuse VNH1.
Notes: Built using former TEA undeframes (former numbers in brackets). All curently stored.

TIPH 93282	(SUKO 87126, 83228)	TIPH 93286	(SUKO 87501)
TIPH 93283	(SUKO 87105)	TIPH 93287	(SUKO 87503, 83606)
TIPH 93284	(SUKO 87510, 83737)	TIPH 93288	(SUKO 87517)
TIPH 93285	(SUKO 87142, 83140)	TIPH 93289	(SUKO 87232, 83139)

KFA RLS 95476 (Des. Code KF009A) at Middlesbrough Goods 23.09.88 (R. Wallace)

93290-93489 BOGIE FLAT KFA

Design Code: KF010D or KF010F.
Builder: Rautaruukki, Oulu, Finland, 1988-89.
Tare Weight: 20.00 t. **Gross Laden Weight:** 82.00 t.
Maximum Speed: 60 mph. **Length:** 14348 mm. (47 ft. 1 in.)
Bogie Type: Sambre et Meuse VNH1.
Current Hirers: Shanks and McEwan; Freightliner.
Usual Workings: (Shanks) Between Chatham Docks and Stewartby; (Freightliner) Rfd services.

TIPH 93290 d	TIPH 93330 d	TIPH 93370 d	TIPH 93410 d	TIPH 93450 d
TIPH 93291 d	TIPH 93331 d	TIPH 93371 d	TIPH 93411 d	TIPH 93451 d
TIPH 93292 d	TIPH 93332 d	TIPH 93372 d	TIPH 93412 d	TIPH 93452 d
TIPH 93293 d	TIPH 93333 d	TIPH 93373 d	TIPH 93412 d	TIPH 93453 d
TIPH 93294 d	TIPH 93334 d	TIPH 93374 d	TIPH 93414 d	TIPH 93454 d
TIPH 93295 d	TIPH 93335 d	TIPH 93375 d	TIPH 93415 d	TIPH 93455 d
TIPH 93296 d	TIPH 93336 d	TIPH 93376 d	TIPH 93416 d	TIPH 93456 d
TIPH 93297 d	TIPH 93337 d	TIPH 93377 d	TIPH 93417 d	TIPH 93457 d
TIPH 93298 d	TIPH 93338 d	TIPH 93378 d	TIPH 93418 d	TIPH 93458 d
TIPH 93299 d	TIPH 93339 d	TIPH 93379 d	TIPH 93419 f	TIPH 93459 d
TIPH 93300 d	TIPH 93340 d	TIPH 93380 d	TIPH 93420 d	TIPH 93460 d
TIPH 93301 d	TIPH 93341 d	TIPH 93381 d	TIPH 93421 d	TIPH 93461 d
TIPH 93302 d	TIPH 93342 d	TIPH 93382 d	TIPH 93422 d	TIPH 93462 d
TIPH 93303 d	TIPH 93343 d	TIPH 93383 d	TIPH 93423 d	TIPH 93463 d
TIPH 93304 d	TIPH 93344 d	TIPH 93384 d	TIPH 93424 d	TIPH 93464 d
TIPH 93305 d	TIPH 93345 d	TIPH 93385 d	TIPH 93425 d	TIPH 93465 d
TIPH 93306 d	TIPH 93346 d	TIPH 93386 d	TIPH 93426 d	TIPH 93466 d
TIPH 93307 d	TIPH 93347 d	TIPH 93387 d	TIPH 93427 d	TIPH 93467 d
TIPH 93308 d	TIPH 93348 d	TIPH 93388 d	TIPH 93428 d	TIPH 93468 d
TIPH 93309 d	TIPH 93349 d	TIPH 93389 d	TIPH 93429 d	TIPH 93469 d
TIPH 93310 d	TIPH 93350 d	TIPH 93390 d	TIPH 93430 d	TIPH 93470 d
TIPH 93311 d	TIPH 93351 d	TIPH 93391 d	TIPH 93431 d	TIPH 93471 d
TIPH 93312 d	TIPH 93352 d	TIPH 93392 d	TIPH 93432 d	TIPH 93472 d
TIPH 93313 d	TIPH 93353 d	TIPH 93393 d	TIPH 93433 d	TIPH 93473 d
TIPH 93314 d	TIPH 93354 d	TIPH 93394 d	TIPH 93434 d	TIPH 93474 d
TIPH 93315 d	TIPH 93355 d	TIPH 93395 d	TIPH 93435 d	TIPH 93475 d
TIPH 93316 d	TIPH 93356 d	TIPH 93396 d	TIPH 93436 d	TIPH 93476 d
TIPH 93317 d	TIPH 93357 d	TIPH 93397 d	TIPH 93437 d	TIPH 93477 d
TIPH 93318 d	TIPH 93358 d	TIPH 93398 d	TIPH 93438 d	TIPH 93478 d
TIPH 93319 d	TIPH 93359 d	TIPH 93399 d	TIPH 93439 d	TIPH 93479 d
TIPH 93320 d	TIPH 93360 d	TIPH 93400 d	TIPH 93440 d	TIPH 93480 d
TIPH 93321 d	TIPH 93361 d	TIPH 93401 d	TIPH 93441 d	TIPH 93481 d
TIPH 93322 d	TIPH 93362 d	TIPH 93402 d	TIPH 93442 d	TIPH 93482 d
TIPH 93323 d	TIPH 93363 d	TIPH 93403 d	TIPH 93443 d	TIPH 93483 d
TIPH 93324 d	TIPH 93364 d	TIPH 93404 d	TIPH 93444 d	TIPH 93484 d
TIPH 93325 d	TIPH 93365 d	TIPH 93405 d	TIPH 93445 d	TIPH 93485 d
TIPH 93326 d	TIPH 93366 d	TIPH 93406 d	TIPH 93446 d	TIPH 93486 d
TIPH 93327 d	TIPH 93367 d	TIPH 93407 d	TIPH 93447 d	TIPH 93487 d
TIPH 93328 d	TIPH 93368 d	TIPH 93408 d	TIPH 93448 d	TIPH 93488 d
TIPH 93329 d	TIPH 93369 d	TIPH 93409 d	TIPH 93449 d	TIPH 93489 d

94001-94147 CAR FLAT AND RAMP JVB/JVW/KRW

Design Code: JV021A (JVW), JV021C or KR015A* (KRW).
Builder: South Staffordshire Wagon, Tipton, 1963-78.
Tare Weight: 20.80 or a* 21.00 t. **Gross Laden Weight:** 31.00 or 33.20 t.
Maximum Speed: 75 mph. **Length:** 20726 mm. (68 ft.)
Bogie Type: BR1.
Notes: Built utilising former Mark 1 carriage underframes, former numbers not known.
Usual Workings: To and from Bordesley.

MAT 94001 c	MAT 94081 c	MAT 94115 c	MAT 94124 *	MAT 94135 c
MAT 94016 c	MAT 94086 a	MAT 94117 c	MAT 94130 c	MAT 94136 c
MAT 94018 c	MAT 94105 *	MAT 94119 c	MAT 94131 c	MAT 94139 c
MAT 94022 c	MAT 94109 *	MAT 94120 c	MAT 94132 c	MAT 94140 c
MAT 94037 a	MAT 94111 c	MAT 94122 c	MAT 94133 c	MAT 94142 c
MAT 94055 c	MAT 94112 c	MAT 94123 c	MAT 94134 c	MAT 94147 *
MAT 94078 c	MAT 94114 c			

94400-94424   CAR FLAT   JVA/JVB

Design Code: JV022A(JVB) or JV022B(JVA).
Builder: Standard Wagon, Heywood, 1979.
Tare Weight: 22.45 t.   **Gross Laden Weight:** 32.95 t.
Maximum Speed: 75 mph.   **Length:** 20726 mm. (68 ft.)
Bogie Type: BR1.
Notes: Built utilising former BR Mark 1 carriage underframes, former numbers not known. RLS 94403/4/8/11/23 are currently stored.
Current Hirer: Silcock & Colling.
Usual Workings: To and from Dagenham.

RLS 94400 a	RLS 94405 a	RLS 94410 a	RLS 94415 a	RLS 94420 a
RLS 94401 a	RLS 94406 a	RLS 94411 b	RLS 94416 a	RLS 94421 a
RLS 94402 a	RLS 94407 a	RLS 94412 a	RLS 94417 a	RLS 94422 a
RLS 94403 a	RLS 94408 a	RLS 94413 a	RLS 94418 a	RLS 94423 a
RLS 94404 a	RLS 94409 b	RLS 94414 a	RLS 94419 a	RLS 94424 a

95050   FLAT   PFA

Design Code: PF013A.
Builder: Powell Duffryn Standard, Heywood, 1991.
Tare Weight: 10.50 t.   **Gross Laden Weight:**
Maximum Speed: 60 mph.   **Length:** 8280 mm. (27 ft. 2 in.)
Suspension:
Usual Workings: Between Sellafield and Drigg.

BNFL 95050

95090-95092   LOW-LINER SET   JKA

Design Code: JK053A (outers) or JK054A* (inner).
Builder: Powell Duffryn, Cardiff, 1989.
Tare Weight: 16.00 t.   **Gross Laden Weight:** 19.00 t.
Maximum Speed: 45 mph.   **Length:** a 15645 mm. (51 ft. 4 in.);
Suspension: Gloucester Low Track Force.   * 15450 mm. (50 ft. 8 in.)
Usual Workings: Currently undergoing trials at various BR locations.
Note: Owned by Powell Duffryn Standard.

PDUF 95090 *   PDUF 95091 a   PDUF 95092 a

95233-95297   ARMY FLAT   KFB

Design Code: KF004A.
Builder: BREL, Shildon 1976 or 1981 (95272-97).
Tare Weight: 20.30 t.   **Gross Laden Weight:** 71.00 t.
Maximum Speed: 60 mph.   **Length:** 14020 mm. (46 ft.)
Bogie Type: Gloucester GPS.
Usual Workings: Between various Ministry of Defence depots.

MODA 95233	MODA 95246	MODA 95259	MODA 95272	MODA 95285	
MODA 95234	MODA 95247	MODA 95260	MODA 95273	MODA 95286	
MODA 95235	MODA 95248	MODA 95261	MODA 95274	MODA 95287	
MODA 95236	MODA 95249	MODA 95262	MODA 95275	MODA 95288	
MODA 95237	MODA 95250	MODA 95263	MODA 95276	MODA 95289	
MODA 95238	MODA 95251	MODA 95264	MODA 95277	MODA 95290	
MODA 95239	MODA 95252	MODA 95265	MODA 95278	MODA 95291	
MODA 95240	MODA 95253	MODA 95266	MODA 95279	MODA 95292	
MODA 95241	MODA 95254	MODA 95267	MODA 95280	MODA 95293	
MODA 95242	MODA 95255	MODA 95268	MODA 95281	MODA 95294	
MODA 95243	MODA 95256	MODA 95269	MODA 95282	MODA 95295	
MODA 95244	MODA 95257	MODA 95270	MODA 95283	MODA 95296	
MODA 95245	MODA 95258	MODA 95271	MODA 95284	MODA 95297	

95400   BOGIE FLATROL   KXO

Design Code: KX051A.
Builder: BR, Derby, 1949.
Tare Weight: 37.00 t.
Gross Laden Weight: 78.00 t.
Maximum Speed: 45 mph.
Length: 18592 mm. (61 ft.)
Bogie Type: Secondary Coil.
Usual Workings: Used between the various National Railway Museum buildings at York.

NRMY 95400   (B 900402)

95420-95431   BOGIE FLAT   KFA

Design Code: KF010E.
Builder: Powell Duffryn, Cardiff, 1989.
Tare Weight: 20.00 t.
Gross Laden Weight: 82.00 t.
Maximum Speed: 60 mph.
Length: 20510 mm. (67 ft. 3 in.)
Bogie Type: Gloucester GPS.
Usual Workings: Between Powderhall and Kaimes.

EDC 95420	EDC 95423	EDC 95426	EDC 95428	EDC 95430
EDC 95421	EDC 95424	EDC 95427	EDC 95429	EDC 95431
EDC 95422	EDC 95425			

95470-95486   BOGIE FLAT   KFA

Design Code: KF009A.
Builder: Standard Wagon, Heywood, 1983.
Tare Weight: 18.25 t.
Gross Laden Weight: 79.95 t.
Maximum Speed: 60 mph.
Length: 17195 mm. (56 ft. 5 in.)
Bogie Type: Sambre et Meuse VNH1.
Notes: All currently stored at Horbury.

RLS 95470	RLS 95474	RLS 95478	RLS 95481	RLS 95484
RLS 95471	RLS 95475	RLS 95479	RLS 95482	RLS 95485
RLS 95472	RLS 95476	RLS 95480	RLS 95483	RLS 95486
RLS 95473	RLS 95477			

95500-95583   WARWELL   KWB

Design Code: KW041A or KW041B.
Builder: Various, 1942-43.
Tare Weight: 28.40 t.
Gross Laden Weight: 79.40 t.
Maximum Speed: 60 mph.
Length: 14346 mm. (47 ft. 1 in.)
Bogie Type: Gloucester GPS.
Usual Workings: Between various Ministry of Defence depots.

KWB MODA 95509 (Des. Code KW041A) at Hoo JUnction 28.04.84 (R. Wallace)

KXA MODA 95781 (Des. Code KX035A) at Derby St. Marys 12.07.86 (R. Wallace)

MODA 95500 a	MODA 95512 a	MODA 95524 a	MODA 95536 a	MODA 95548 b
MODA 95501 a	MODA 95513 a	MODA 95525 a	MODA 95537 a	MODA 95573 a
MODA 95502 a	MODA 95514 a	MODA 95526 a	MODA 95538 a	MODA 95574 a
MODA 95503 a	MODA 95515 a	MODA 95527 a	MODA 95539 a	MODA 95575 a
MODA 95504 a	MODA 95516 a	MODA 95528 a	MODA 95540 a	MODA 95576 a
MODA 95505 a	MODA 95517 a	MODA 95529 a	MODA 95541 a	MODA 95577 a
MODA 95506 a	MODA 95518 a	MODA 95530 a	MODA 95542 a	MODA 95578 a
MODA 95507 a	MODA 95519 a	MODA 95531 a	MODA 95543 a	MODA 95579 a
MODA 95508 a	MODA 95520 a	MODA 95532 a	MODA 95544 a	MODA 95580 a
MODA 95509 a	MODA 95521 a	MODA 95533 a	MODA 95545 a	MODA 95581 a
MODA 95510 a	MODA 95522 a	MODA 95534 a	MODA 95546 a	MODA 95582 a
MODA 95511 a	MODA 95523 a	MODA 95535 a	MODA 95547 a	MODA 95583 a

95600-95605   NUCLEAR FLASK TRANSPORTER   KXA

Design Code: KX039A.
Builder: BREL, Ashford, 1977.
Tare Weight: 58.00 t.   **Gross Laden Weight:** 157.90 t.
Maximum Speed: 75 mph.   **Length:** 25246 mm. (82 ft. 10 in.)
Bogie Type: Y25 (four per vehicle).
Notes: Former Ferry Vehicles (former numbers in brackets).
Usual Workings: Between Sellafield and Barrow Docks.

BNFL 95600	(70 0998 000-4)	BNFL 95603	(70 0998 003-8)
BNFL 95601	(70 0998 001-2)	BNFL 95604	(70 0998 004-6)
BNFL 95602	(70 0998 002-0)	BNFL 95605	(70 0998 005-3)

95760   NUCLEAR FLASK TRANSPORTER   KXA

Design Code: KX020C.
Builder: BR, Shildon, 1958.
Tare Weight: 30.00 t.   **Gross Laden Weight:** 64.00 t.
Maximum Speed: 45 mph.   **Length:** 15870 mm. (52 ft. 1 in.)
Bogie Type:
Notes: Converted 1982 from Flatrol MCC (former number in brackets).
Usual Workings: To and from Sellafield.

BNFL 95760   (B 900432)

95780   HEAVYWEIGHT EQUIPMENT CARRIER   KMX

Design Code: KM010B.
Builder: Head Wrightson, 1963.
Tare Weight: 94.40 t.   **Gross Laden Weight:** 191.00 t.
Maximum Speed: 35 mph.   **Length:** 27250 mm. (89 ft. 5 in.)
Bogie Type: Eyebolt 12-wheel.
Usual Workings: Between various Ministry of Defence (Navy) depots.

MODA 95780

95781   NUCLEAR FLASK TRANSPORTER   KXA

Design Code: KX035A.
Builder: W.H. Davis, Langwith Junction, 1984.
Tare Weight: 22.85 t.   **Gross Laden Weight:** 80.05 t.
Maximum Speed: 60 mph.   **Length:** 12250 mm. (40 ft. 2 in.)
Bogie Type: Y25CSS.
Usual Workings: Between various Ministry of Defence depots.

MODA 95781

KMQ LT 95830 (Des. Code KM044A) at East Wimbledon on 06.05.91 (A. Marshall)

KDA TN 96002 (Des. Code KD040B) & KDA TN 95903 (Des. Code KD042A) at Cricklewood 13.04.89 (R. Wallace)

95802-95803 TUBE STOCK ADAPTOR KMQ
Design Code: KM044A.
Builder: BR
Tare Weight: 20.30 t. **Gross Laden Weight:** 20.30 t.
Maximum Speed: 50 mph. **Length:** 6082mm (19ft 11in)
Suspension: Shoe.
Notes: Converted from BR Brakevans. Also carry LUL numbers B584 and B583 respectively.
Usual Workings: On stock movements to and from London Underground Ltd.

LT 95802   LT 95803

95901-96005, 96101-96303 TRAILER TRAIN VEHICLES

The Trailer Train concept is one of ease of transhipment of loads between road and rail modes. On the road, trailer train container vehicles are hauled by standard road tractor units. At the road/rail interchange (which can be anywhere where there is a flat surface level with rail height) the rear of the container vehicle is reversed over a rail bogie. The air suspension of the container vehicle is used to lift the road wheels, lowering the container vehicle onto the bogie. Landing legs can then be lowered at the road tractor end and the road tractor can be driven away. This process is repeated with the next container vehicle, except that once the road wheels have been lifted the road tractor is used to push the rail bogie under the first vehicle, whose landing legs are then retracted, and this process continues with each container until the full train is made up. The first and last vehicles of each train then have adaptors fitted which comprise the necessary buffing and drawgear for BR operation. These adaptors can be coupled to any other vehicle with standard BR couplings and drawgear. Vehicle types other than the basic containers are currently under development. At the time of writing these vehicles were not registered to run on BR, but are included as re-registration is anticipated shortly.

95901-95905 TRAILER TRAIN BOGIE KDA
Design Code: KD042A.
Builder: Gloucester RC & W, Cardiff, 1987.
Tare Weight: 4.75 t.
Maximum Speed: 75 mph.
Type: Gloucester GPS.

TN 95901   TN 95902   TN 95903   TN 95904   TN 95905

95951-95953 TRAILER TRAIN ADAPTOR KDA
Design Code: KD041A, KD041B or KD044A*.
Builder: York Trailers, Northallerton, 1987 or * 1991.
Tare Weight: 2.70 t.
Length: 1180 mm. (3 ft. 10 in.)

TN 95951 a   TN 95952 b   TN 95953 *

96001-96005 TRAILER TRAIN CONTAINER KDA
Design Code: KD040A, KD040B or KD043A*.
Builder: York Trailers, Northallerton, 1987 or * 1991.
Tare Weight: 9.50 t. * 9.04 t. **Gross Laden Weight:** 31.00 t. * 31.94 t.
Maximum Speed: 75 mph. * 60 mph. **Length:** 12683 mm. (41 ft. 7 in.)

TN 96001 a   TN 96002 b   TN 96004 a   TN 96005 *

96101-96104 TRAILER TRAIN BOGIE KDA
Design Code:
Builder:
Tare Weight:
Maximum Speed:

Bogie Type:
Notes: Delivery of these vehicles is expected early in 1992.

CRL 96101   CRL 96102   CRL 96103   CRL 96104

96201-96281　　　TRAILER TRAIN ADAPTOR　　　KDA
Design Code:
Builder:
Tare Weight:　　　　　　　　　　　　**Gross Laden Weight:**
Maximum Speed:　　　　　　　　　　**Length:**
Notes: Delivery of these vehicles is expected early in 1992. 96201 will be a front end adaptor, 96221/2 intermediate adaptors and 96281 a rear end adaptor.

CRL 96201   CRL 96221   CRL 96222   CRL 96281

96301-96303　　　TRAILER TRAIN TRAILER　　　KDA
Design Code:
Builder:
Tare Weight:　　　　　　　　　　　　**Gross Laden Weight:**
Maximum Speed:　　　　　　　　　　**Length:**
Notes: Delivery of these vehicles is expected early in 1992.

CRL 96301   CRL 96302   CRL 96303

96500　　　SWINGBED INTER-MODAL　　　KDA

The Rautarukki designed swingbed inter-modal wagon is a rail wagon designed to convey complete road vehicle trailers. A well section accommodates the road wheels & axles of the vehicle, and this well section can be swung outwards hydraulically. This novel innovation means that it is possible to load and unload the wagon without any terminal equipment other than a road tractor with hydraulics. This prototype vehicle is not currently running on BR, but will probably be re-registered to do so.

Design Code: KD052A.
Builder: Rautaruukki, Oulu, Finland, 1988.
Tare Weight: 21.30 t.　　　　　　　　**Gross Laden Weight:** 45.00 t.
Maximum Speed: 75 mph.　　　　　**Length:** 14320 mm. (47 ft.)
Suspension:　FAT24, Parabolic 1 Link.

TIPH 96500

99014-99018　　　WEED SPRAY TRAIN　　　KCX
Design Code: KC027E, KC027F, KC028A, KC032A* or KC033B.
Builder: e BR Lancing Works, 1949; f SR Ashford/Eastleigh Works 1938; a BR Derby Works, 1964; b BR Ashford/Swindon Works 1957; f ???. Converted 1990 for current use.
Tare Weight: e 28.00 t; f 27.00 t; a 36.00 t; * 33.50 t; b 34.50 t.
Gross Laden Weight: e 37.00 t; f 34.00 t; a 36.00 t; * 33.50 t; b 45.50 t.
Length: ef 16370 mm (53 ft. 8 in.); ab* 20447 mm (67 ft 1 in.).
Maximum Speed: 60 mph; a 90 mph.
Bogie Type: ef SR type; ab BR1.
Notes: 99014/5 were converted from SR design NIV; 99016 was converted from a Mark 1 BCK coach ; 99018 was converted from a Mark 1 TSO coach. Former numbers are shown in brackets.
Usual workings: On the Southern and Western Regions.

CC 99014 e   (S 4600 S)   CC 99017 *   (B 786951)
CC 99015 f   (S 4589 S)   CC 99018 b   (E 4393)
CC 99016 a   (S 21275)

99150-99151   ESCORT COACHES   KCX

Design Code: KC015C.
Builder: Gloucester RC & W, Gloucester, 1958 (99150); BR Wolverton Works, 1958 (99151).
Tare Weight: 34.00 t.   **Gross Laden Weight:** 34.00 t.
Maximum Speed: 60 mph.   **Length:** 20447 mm. (67 ft. 1 in.)
Bogie Type: BR1.
Notes: Converted from Mark 1 BSK coaches (former numbers shown in brackets).
Usual Workings: Escort/Barrier coaches for MODA 95780.

MODA 99150   (M 35153)   MODA 99151   (M 35212)

99907-99910   WEED SPRAY TRAIN   KCA

Design Code: KC029A, KC030A*, KC031A§ or KC031B.
Builder: a* BR Derby C & W Works, 1961; §b BR Wolverton Works, 1957.
Tare Weight: a 34.10 t; * 32.00 t; § 31.90 t; b 33.20 t.
Gross Laden Weight:
Maximum Speed: 60 mph.   **Length:** 20447 mm. (67 ft. 1 in.)
Bogie Type: BR1.
Notes: 999607/8 were converted from Mark 1 BCK coaches; 99909/10 were converted from Mark 1 SK coaches (former numbers in brackets).
Usual workings: On the Eastern, Anglia and London Midland Regions.

SA 99907 a   (7203)   SA 99909 §   (18401)
SA 99908 *   (7160)   SA 99910 b   (18574)

KDA TIPH 96500 (Des. Code KD052A) at Cricklewood 13.04.89   (R. Wallace)
end here